Evelyn Rillé Johannes Ifkovits

Die Oper kocht

Weltstars am Herd: Die Lieblingsrezepte großer Stimmen

Opera Rifko Verlag

Vorwort

Ohne unsere jahrelange Freundschaft zu den Topstars der Opernwelt und deren Vertrauen hätten wir dieses Kochbuch nie realisieren können, ein dickes Dankeschön an euch. An die fünf Stunden verbrachten wir mit jedem der Sänger, oft bei ihnen zuhause in ihren Küchen oder während Gastspielen in ihren Appartements. Wir guckten in Restaurantküchen in die Häferln und Töpfe und werkten gemeinsam in unserer eigenen Küche. So konnten wir den Opernstars beim Zubereiten ihres Lieblingsrezepts mit der Kamera über die Schulter schauen und Einblicke in ihre Küchengeheimnisse bekommen.

Die Terminkoordination war nicht immer einfach, aber letztendlich haben wir sie auf vielen Reisen quer durch Europa und in die USA doch noch am Herd angetroffen. Herausgekommen ist ein Kochbuch der Superlative: Die Elite der Opernwelt kocht – und wie!

Zusätzlich steuerten die weltbesten Winzer individuelle Weinempfehlungen bei. Heinz Hanner, mit zwei Sternen und drei Hauben ausgezeichneter Koch, hat alle Sängerrezepte studiert und mit seinem persönlichen Tipp ergänzt. Uns bleibt nur mehr zu sagen:

Ab in die Küche und gutes Gelingen beim Zubereiten der Lieblingsrezepte Ihrer Lieblingssänger.

Evelyn Rillé und Johannes Ifkovits

Inhalt

HAUPTSPEISEN FLEISCH

HAUPTSPEISEN FISCH

Roberto Alagna

Tenor, Frankreich

„Immer wenn ich koche, beginne ich zu singen, zumeist sizilianische Schlager wie etwa ‚La luna mezzo mari'. Dazu lade ich die Leute ein, die ich liebe. Das macht mich glücklich und mein Kopf wird dabei frei. Nur das Geschirr mag ich danach nicht abwaschen", sagt der Tenor gut gelaunt.

Roberto Alagna ist an der Peripherie von Paris in einer Großfamilie aufgewachsen. Er erinnert sich, wie seine Großmutter oft schon im Morgengrauen Teig knetete, um daraus Pasta zuzubereiten. „Besonders gut war ihre Pasta pomodoro", lächelt der Franzose spitzbübisch, „davon habe ich immer wieder etwas geklaut. Ich koche zwar nicht viel, aber wenn, dann Pasta. Sie ist eine geniale Erfindung, denn man kann sie mit allem mischen, ganz gleich ob Salat, Kartoffeln und Bohnen, oder Peperoni mit viel Olivenöl. Sind die Zutaten gut, steht immer eine exzellente Speise am Tisch."

Was ich auf keinen Fall esse:
Wenn du hungrig bist, kannst du Steine essen, sagte mein Vater immer wieder.

Heißhunger:
Habe ich nie, und manchmal muss ich mich zum Essen zwingen. Beim Arbeiten vergesse ich immer darauf.

Das findet man immer in meinem Kühlschrank:
Meistens Eis, das ist aber auch alles! (lacht laut)

Wen ich gern zum Essen lade:
Aladin und seine Wunderlampe, damit ich drei Wünsche frei habe. Die binde ich aber niemandem auf die Nase, die bleiben mein Geheimnis.

Mein Motto:
Immer vorwärts schauen. Ich habe zwar auch eine nostalgische Seite, besser ist es aber nach vorn zu blicken.

Soupe de Champagne „Victorienne“

Champagnercocktail

Für 8–10 Personen

1 Die Eiswürfel in eine große Schale geben. Die Limetten auspressen und den Saft mit dem Zuckersirup und dem Cointreau darübergießen.

2 Gut durchmischen und mit dem Champagner auffüllen.

3 Den Cocktail in Gläser füllen und mit den Himbeeren dekorieren.

ZUTATEN
2 Flaschen Champagner
250 ml Zuckersirup
250 ml Cointreau
6–8 Limetten
¼ kg frische Himbeeren
Eiswürfel

TIPP
Der Cocktail kann je nach Geschmack auch mit anderen Früchten wie Walderdbeeren oder Heidelbeeren kredenzt werden.

Champagner Grand Réserve brut, Gosset – Frankreich

~ Soupe de Champagne "Victorienne" ~

Ingrédients :

Recette pour 8 à 10 personnes :

- 2 bouteilles de Champagne.
- 2 verres de sucre de canne liquide.
- 1 ou 2 verres de "Cointreau" (selon les goûts).
- 6 à 8 citrons verts.
- Une barquette de framboises.
- Beaucoup de glaçons.

Recette :

1 - Remplir un grand récipient (large soupière) de glaçons.

2 - Presser 6 à 8 citrons verts (selon les goûts) et incorporer le tout dans les glaçons.

3 - Ajouter les 2 verres de sucre de canne liquide et mélanger.

4 - Verser le champagne (2 bouteilles pour 8 à 10 personnes).

5 - Terminer avec 1 à 2 verres de "Cointreau".

C'est Prêt !!!

- Servir dans des coupes à Champagne à l'aide d'une louche et mettre une framboise dans chacune d'entre elles.

Roberto Alagna

New York – Plopp! – die Champagnerkorken schießen aus den Flaschenhälsen, Roberto Alagna pfeift, presst die Limetten aus, nimmt eine Himbeere und füllt sein Glas – à votre santé!

Danielle DeNiese

Sopran, Amerika

Meine Mutter“, sagt die hübsche Amerikanerin, „ist eine unglaubliche Köchin. Leider hat sie mir dieses Talent nicht vererbt.“ Weiß DeNiese einmal bei einem Rezept nicht weiter, kann sie aber auf mütterliche Unterstützung zählen.

Die in Melbourne geborene und in Los Angeles aufgewachsene Sängerin kocht leidenschaftlich gern zu brasilianischen Rhythmen. Diese bringen sie in die richtige Stimmung, um außerordentliche Gerichte zu kreieren und so ihren Gästen Freude zu bereiten.

Die Sopranistin ist überzeugt, dass die Devise „Übung macht den Meister“ auch in der Küche gilt. Allein, es fehlt ihr an der Zeit. Straffe Probenpläne und Premierenstress sabotieren den guten Vorsatz, sodass sie den Abend dann oft doch lieber gemütlich beim Japaner, Inder oder Thai ausklingen lässt.

Was ich auf keinen Fall esse:
Ich versuche eine Speise zumindest einmal zu kosten, bevor ich eine Aussage treffe.
Heißhunger:
Dem versuche ich auszuweichen, indem ich zwischendurch ein Joghurt löffle.
Das findet man immer in meinem Kühlschrank:
Milch, Joghurt, Heidelbeeren, Margarine, Himbeer- oder Erdbeermarmelade, Pumpernickelbrot, Kaffee, Tee, Eier und Ketchup, gefrorenes Gemüse, das ich dann doch nie esse.
Wen ich gern zum Essen lade:
US-Präsident Barack Obama, Roger Federer, Whitney Houston, Meryl Streep, Clint Eastwood, weil ich sie alle für ihre Arbeit und ihren Beitrag an der Welt bewundere.
Mein Motto:
Wage zu träumen!

Mom's Guacamole

Für 4–6 Personen

ZUTATEN
2 reife Avocados
1 reife Tomate
½ bis 1 rote Zwiebel
1 Bund frischer Koriander
1 Knoblauchzehe
Saft einer Zitrone
Salz, Pfeffer
mexikanische Gewürzmischung

1 Avocado schälen und zerdrücken. Tomate in kleine Stücke schneiden. Zwiebel und Knoblauch fein schneiden, Koriander hacken. Alle Zutaten gut vermischen und mit den Gewürzen nach Geschmack abschmecken. Den Zitronensaft darüberträufeln und einrühren.

2 Mit Tortilla-Chips aus blauem Mais servieren.

TIPP
Mit selbst gemachten Kartoffelchips oder Fladenbrot servieren.

Grüner Veltliner Käferberg 2006,
Weingut Fred Loimer – Österreich

Mom's Guacamole !!!

Ingredients

2 avocados
1 firm tomato
1 or ½ (if you don't like onion) Spanish red onion
Fresh Cilantro
1 clove of Garlic
1 lemon

Condiments

salt / pepper
powdered mix of any of the following:
lemon
spices
seasoning
jalapeño pepper
red peppers
bell peppers

Dice tomato, chop onions and cilantro along with garlic (very finely), and mix together with mashed avocado. Add powdered condiments to taste. Add lemon.

Serve with blue corn tortilla chips.

It's so easy!! Great for parties or even for yourself!

Bon Appetit! ☺

Love,
Danielle de Niese

New York – Zu brasilianischen Rhythmen zaubert Danielle deNiese eine Guacamole zum Niederknien.

Giuseppe Filianoti

Tenor, Italien

Pizza Margherita habe ich schon als Teenager selbst gemacht. Als Süditaliener hat man das im Blut", lacht der aus Reggio di Calabria stammende Tenor.

Giuseppe Filianoti schwingt gerne den Kochlöffel. Mit Vorliebe bereitet er sich rotes oder weißes Fleisch mit Karotten zu, oder fabriziert Paste, Pizze und Salate. Zuhause kocht meist seine Frau. Soll es aber einmal etwas Kalabresisches sein, lässt er sich nicht zweimal bitten und versucht die Erinnerungen an seine Kindheit mit köstlichen Gerichten heraufzubeschwören. „Aber das Beste am Kochen ist, dass man danach alles wieder aufessen kann", sagt der heißblütige Sänger und beißt genussvoll in eines seiner frittierten Melanzanibällchen.

Was ich auf keinen Fall esse:
Ich koste immer, denn ich bin neugierig!
Heißhunger:
Joghurt, Coca-Cola und Orangen. In der Nacht gehe ich oft zum Kühlschrank und esse Schokolade.
Das findet man immer in meinem Kühlschrank:
Milch, Prosciutto, Emmentaler, Parmigiano-Reggiano, Joghurt, saisonales Gemüse, Brokkoli. Dunkle Schokolade, die ich sommers im Kühschrank, winters draußen aufbewahre.
Wen ich gern zum Essen lade:
Jesus, um auf viele Fragen Antworten zu bekommen.
Mein Motto:
Leben und leben lassen.

Purpetti i Mulingiani 'ra Nonna Lilla

Melanzanibällchen Großmutter-Art

Für 6 Personen

ZUTATEN

3 Melanzani
2 Eier
1 Scamorza (italienischer Käse)
250 g Parmesan, gerieben
250 g Pecorino, gerieben
250 g Semmelbrösel
200 g Mortadella
1 Bund Petersilie
Salz, Pfeffer
1 Knoblauchzehe
Olivenöl

1 Melanzanischalen zur Hälfte entfernen und alle drei in Würfel schneiden. In einem großen Topf mit Wasser bedeckt zum Kochen bringen. Ca. 8–10 Minuten leicht köcheln lassen, abseihen und 2 Stunden ruhen lassen.

2 Die Melanzaniwürfel ausdrücken, mit gehackter Petersilie und klein geschnittenem Knoblauch vermischen. Die Eier zufügen und nach Geschmack salzen und pfeffern. Semmelbrösel und die geriebenen Käse (Parmesan und Pecorino) einstreuen und alles gut verkneten.

3 Die Mortadella und den Scamorza in Würfel schneiden. Aus der Masse kleine ovale Bällchen formen und jeweils ein bis zwei Würfel von der Mortadella und dem Käse in die Mitte drücken, anschließend in Semmelbröseln wälzen.

4 In einer Pfanne das Öl heiß werden lassen und die Bällchen herausbacken.

TIPP

Servieren Sie die Melanzanibällchen mit einem Rucola-Tomaten-Salat.

Douro 2007, Quinta Vale D. Maria – Portugal

Ricetta di Calabria.

PURPETTI I MULINGIANI 'RA NONNA LILLA

(Polpette di Melanzane della Nonna Lilla)

INGREDIENTI

- 3 melanzane
- 2 uova
- pangrattato
- 25 gr parmiggiano reggiano
- 25 gr pecorino
- 1 spicchio d'aglio
- prezzemolo
- pepe nero
- scamorza
- mortadella
- olio
- sale

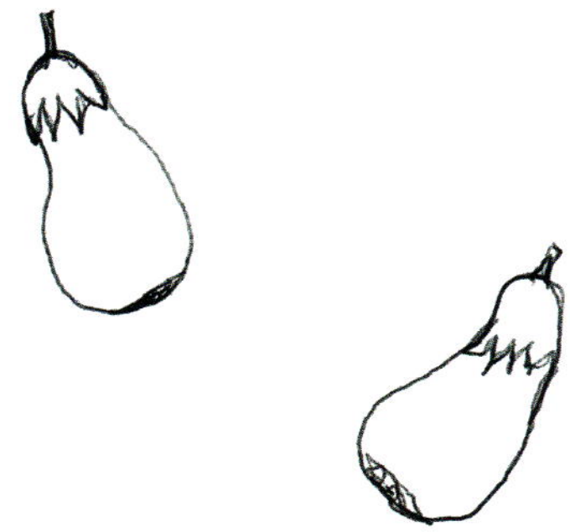

RICETTA

Tagliare le melanzane a cubetti e metterle a bollire in acqua salata per 5/10 minuti. Mettere le melanzane a colare per due ore e poi strizzarle per farne uscire l'ulteriore acqua. Porre in una terrina le melanzane con tutti gli altri ingredienti. Amalgamare bene, formando un composto omogeneo e infine formare delle polpette, inserendo all'interno un cubetto di scamorza e un cubetto di mortadella. Impanare le polpette con il pangrattato e friggere.

Buon Appetito.

Giuseppe Filianoti

München – Gut, dass Giuseppe Filianoti schon als Teenager seiner Großmutter beim Kochen über die Schulter blickte und sich so ihr unschlagbares Rezept abschaute.

Juan Diego Flórez

Tenor, Peru

Der Peruaner begann mit 20 Jahren notgedrungen zu kochen, als er fern seiner Heimatstadt Lima, während seines Studiums in den USA, auf sich allein gestellt war. Erst als ihn seine Mutter per Telefon genau instruierte, klappte es doch noch mit der Zubereitung seines scharfen Hühnergerichts mit Kartoffeln. Inzwischen schmunzelt der Startenor über seine Anfänge in der Küche. Zumindest peruanisch kocht er heute ganz passabel.

Am Tag einer Vorstellung isst er vier Stunden vor seinem Auftritt Quinoa, auch Inkareis genannt. In Wasser gekocht und mit Olivenöl und Parmesan vermischt, bringt ihn die köstliche, vitaminreiche Kraftmahlzeit durch den Abend.

Was ich auf keinen Fall esse:
Zunge, Gehirn und Augen.
Heißhunger:
Crackers mit Käse und Bier, Maischips mit Gurkerln, Koriander und frische Tomaten.
Das findet man immer in meinem Kühlschrank:
Bier, Gemüse und saisonale Früchte, drei verschiedene Käse, Sojamilch – allerdings aussschließlich Bioprodukte. Fisch, nicht zu viel Fleisch, Fruchtsäfte und mindestens eine Avocado.
Wen ich gern zum Essen lade:
Gioacchino Rossini, um mit ihm über seine Weltsicht zu plaudern.
Mein Motto:
Ich habe kein Motto.

La Cocina de
Juan Diego
la Rosa Náutica
RESTAURANTE
VIÑAS DE ORO
COSAS
UNA REVISTA INTERNACIONAL
PROSEGUR

Papa a la huancaína

Kartoffeln mit Chilisauce

Für 4 Personen

1 Zwei EL Öl in einer Pfanne erhitzen. Zwiebel und Chilis klein schneiden und darin andünsten.

2 Das restliche Öl, den Frischkäse und die Milch in einen Mixer füllen. Die angedünsteten Zwiebel und Chilis zufügen. Gut mixen. Mit Salz und Pfeffer abschmecken.

3 Die Kartoffeln kochen, in Scheiben schneiden und auf Salatblättern anrichten. Mit der Sauce übergießen und mit halbierten Eiern und Oliven dekorieren.

ZUTATEN

500 g feste weiße Kartoffel
250 g Frischkäse
5 gelbe Chilis ohne Samen
1 kleine weiße Zwiebel
250 ml Öl
250 ml Milch
schwarze Oliven
2 hart gekochte Eier
1 Salatkopf
Salz, Pfeffer

TIPP

Mit Prosciutto garnieren.

Brut Rosé, Bründlmayer – Österreich

Papa a la Huancaína
(para 4 personas)

- 500 g. de papa blanca sancochada
- 250 g. de queso fresco.
- 5 ajíes amarillos sin semillas.
- 1 cebolla blanca chica
- 1/4 de taza de aceite.
- 1/4 de taza de leche.
- 4 aceitunas negras.
- 2 huevos duros.
- hojas de lechuga
- sal y pimienta.

En una sartén, a fuego lento, freír la cebolla y los ajíes en un poco de aceite.
Licuar la preparación anterior con el queso, el aceite restante, la leche, la sal y la pimienta. Licuar bien.
Acomodar en cada plato, sobre las hojas de lechuga, las papas en rodajas y bañarlas con la salsa "a la huancaína". Decorar con el huevo duro en rodajas y las aceitunas.

Buen provecho!!!

Juan Diego Flórez

Pesaro – Mehr als dreitausend Kartoffelsorten stammen aus Peru. Klar, dass Juan Diego Flórez in seiner Küche mit Meerblick bevorzugt köstliche Kartoffelgerichte zubereitet.

George Gagnidze

Bariton, Georgien

Schweinefüße mit Schweinskopf, die mein Onkel Carlo regelmäßig zauberte, waren für mich purer Genuss", gerät der in Tiflis geborene Bariton noch heute ins Schwärmen. Onkel Carlo war ein begnadeter Koch und weihte George Gagnidze während seines Studiums in die Geheimnisse der Kochkunst ein. Von diesem Wissen profitiert er noch heute. Der Herd in den Appartements, in denen der Bariton während seiner weltweiten Engagements logiert, bleibt selten kalt. Und wenn es einmal schnell gehen muss, gibt es Pasta mit Pesto oder ein saftiges Steak, eines seiner Leibgerichte. „Bei langen Vorstellungen", erzählt der Familienvater, „brauche ich dazu aber noch eine Portion Nudeln, um die Anstrengung auf der Bühne zu kompensieren."

Zuhause ist er auch nicht faul und greift seiner Frau zumindest bei den Kochvorbereitungen unter die Arme. „Aber", sagt der Geschichtsinteressierte, „ein bisschen verwöhnen lasse ich mich schon."

Was ich auf keinen Fall esse:
Innereien esse ich nicht gerne, aber ich koste sie trotzdem hie und da.
Heißhunger:
Alles was mir dann in die Hände fällt, wird verschlungen.
Das findet man immer in meinem Kühlschrank:
Geflügel, Putenschinken, Würstchen, Käse – Gouda, Mozzarella, Feta, Joghurt, Eier, Butter, kleine Süßigkeit – Schokoladenkonfekt mit Kaffee, Wasser, Apfelsaft oder frisch gepresster Orangensaft.
Wen ich gern zum Essen lade:
Die Königin des Showbusiness, Madonna. Nicht nur weil sie knackig aussieht, sondern auch wegen ihres professionellen Werdegangs.
Mein Motto:
Gestärkt durch Sport in den Alltag.

Auberginen mit Nussfüllung

Für 4 Personen

1 Auberginen längs in fingerdicke Scheiben schneiden, mit Salz bestreuen und 30 bis 40 Minuten rasten lassen. Danach auspressen und in Pflanzenöl beidseitig braten.

2 Inzwischen Knoblauch pressen, Zwiebel klein schneiden, Petersilie und Koriander hacken. Mit den gemahlenen Nüssen, ein wenig Salz und den Kernen des Granatapfels vermischen. Einen Löffel Essig zufügen.

3 Die Nussmischung auf die gebratenen Auberginen streichen und mit Granatapfelkernen dekorieren.

ZUTATEN
1 kg Auberginen
1–2 Zwiebeln
300 g gemahlene Walnüsse
1 EL Essig
3 Knoblauchzehen
Salz und Paprikapulver nach Geschmack
1 Granatapfel, Pflanzenöl zum Braten
frische Petersilie und Koriander
ein wenig warmes Wasser

TIPP
Vogerlsalat mit Arganöl-Dressing ergänzt das Gericht.

Mukuzani 2006, Teliani Valley – Georgien

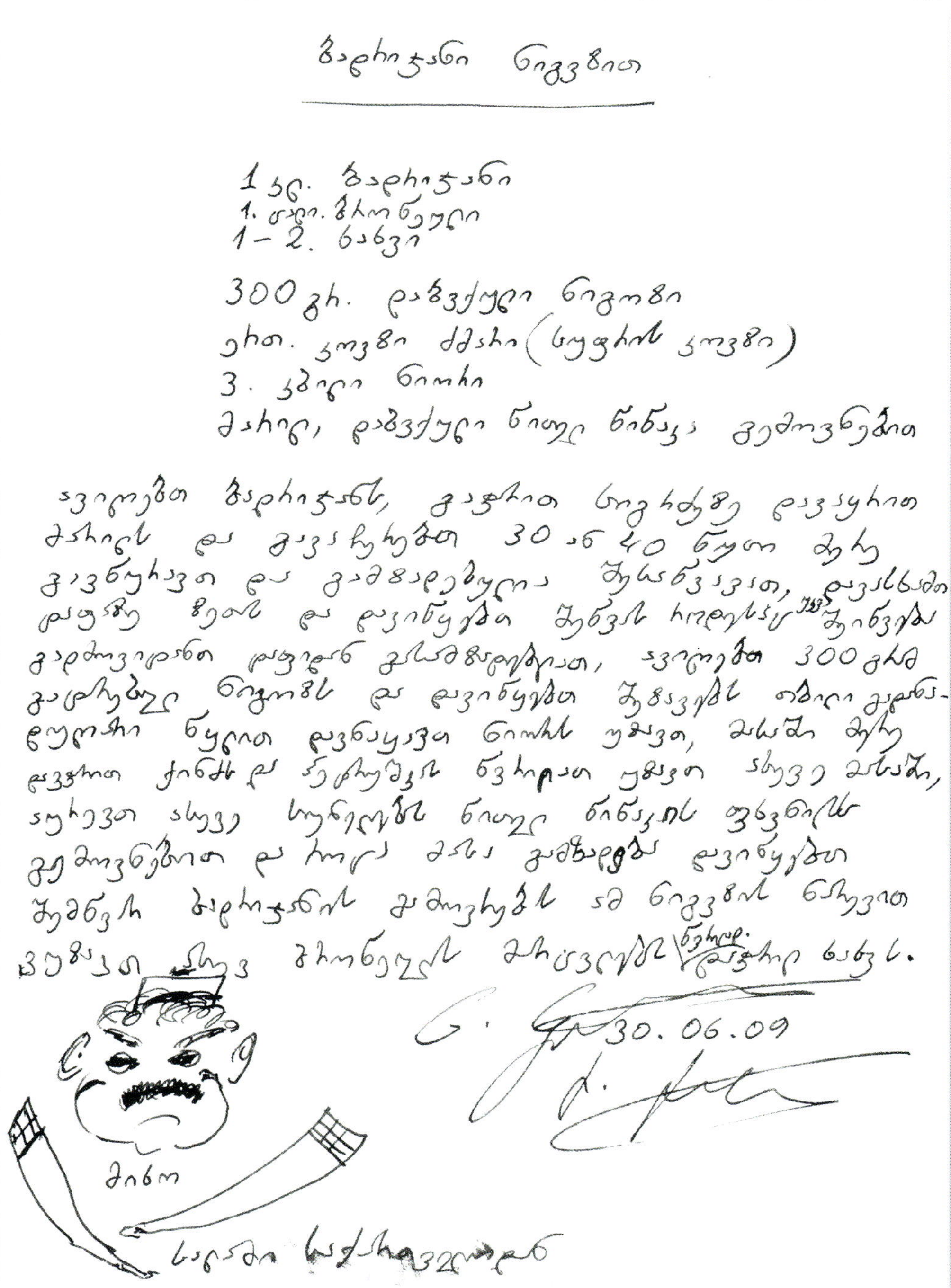

ბადრიჯანი ნიგვზით

1 კგ. ბადრიჯანი
1–2. ხახვი
300 გრ. დაფქული ნიგოზი
3. კბილი ნიორი
მარილი, დაფქული წიწაკა

Wien – Viel Zeit nimmt sich George Gagnidze für die Zubereitung seiner georgischen Spezialitäten. Nicht nur, um seine Freunde zu beeindrucken, sondern auch, um sich beim Kochen seiner Heimat näher zu fühlen.

Elina Garanča

Mezzosopran, Lettland

„Aus den Resten im Kühlschrank ein angemessenes Gericht zu zaubern, das macht mir Spaß", sagt Elina Garanča. Die blonde Lettin bevorzugt die schnelle Küche, „ich will nicht mehrere Stunden mit Kochen verbringen. Ich improvisiere, und wenn nötig, hole ich mir die Informationen aus dem Internet, oder ich erkundige mich im Restaurant nach den Zutaten und weiß dann, wie ich vorgehen muss", erklärt die in Riga geborene Mezzosopranistin.

„Einkaufen gehe ich jedoch gerne", meint die Künstlerin, „aber niemals mit Hunger, da kaufe ich immer viel zu viel. Ich besorge mir immer verschiedene Gemüse, Fleisch oder Fisch – Zutaten, die sich miteinander kombinieren lassen, aber auch für andere Rezepte verwendet werden können." Lieblingsrezepte hat Garanča, die sehr praktisch veranlagt ist, nicht. „Nur bei dunkler Schokolade werde ich schwach – je höher der Kakaoanteil, desto intensiver die Gaumenfreude."

Was ich auf keinen Fall esse:
Saures – Sachen mit Essig mag ich eher nicht.
Heißhunger:
Ich lasse es nicht dazu kommen.
Das findet man immer in meinem Kühlschrank:
Saisonale Früchte und Ziegenkäse, manchmal auch nur ein leuchtendes Lämpchen.
Wen ich gern zum Essen lade:
Meryl Streep, weil sie die Beste auf der ganzen Welt ist! Und alle anderen, die Mut haben.
Mein Motto:
Wie man in den Wald hineinruft, so schallt es heraus.

Pirâdziņi

Fleischtaschen

5–6 Personen

ZUTATEN TEIG

250 ml Milch
80–100 g Butter
ca. 25 g Hefe
2 EL Zucker
1 EL Salz
500 g Mehl

ZUTATEN FÜLLUNG

200–300 g Frühstücksspeck
3 Eier
2 Zwiebeln

1 In einer Tasse die Hefe in ein wenig Milch auflösen. In warmes Wasser stellen und 10 Minuten ruhen lassen. Mehl, die zerlassene Butter, Zucker, die Hefe-Milch-Mischung und Salz in einer großen Schüssel vermischen und zu einem Teig kneten.

2 Für die Füllung den Frühstücksspeck in kleine Würfel schneiden. Die Zwiebeln fein hacken, in ein wenig Butter glasig andünsten und mit dem Speck vermischen. Zwei Eier zufügen.

3 Aus dem Teig kleine Kugeln formen und ausrollen. In die Mitte einen EL von der Füllung geben und zu einem Kipferl formen. Ein Ei mit ein wenig Milch verquirlen und damit die Kipferln bestreichen.

4 Auf einem gefetteten Backblech ca. 15 Minuten bei 200 Grad backen.

TIPP
Hervorragend schmeckt dazu Tsatsiki.

St. Laurent vom Stein 2007, Umathum – Österreich

Latviešu Nacionālie Pīrādziņi

Sastāvdaļas

Mīklai

1 glāze piena
~ 500 gr miltu
~ 100 gr sviesta
25 gr rauga
~ 1/2 glāze cukura
~ 2 ēdamkarotes sāls
1 ola
atstāt 1 ēdamk. piena

Pildījumam

~ 300 gr žāvēta šķiņķa
3 olas
2 palieli sīpoli
sāls
pipari

Sagatavošana

Katliņā sasilda pienu. Atsevišķā glāzē ielej nedaudz piena, kurā iejauc raugu ar apt. 1 ēdamkaroti cukura un apt. 3 ēdamk. miltu. Atstāt siltumā, lai raugs sāktu rūgt.

Atlikušajā pienā iejauc sviestu, cukuru, sāli, apt. glāzi miltu, un beigās pievieno rauga maisījumu. Pamazām pievieno atlikušos miltus un sāk mīcīt ar rokām tik ilgi, kamēr mīkla vairs nelip pie rokām un katliņa malām. Mīklas masa līdzinās vienkāršai, parastai picas masai. Kad samīcīta, mīkla jāatstāj vismaz uz 1 stundu siltumā rūgt.

Pa to laiku pannā apcep sīki sagrieztus sīpolus kopā ar sīki sagrieztu speķi un olām, pievienojot sāli un piparus.

Kad mīkla uzrūgusi, ar rokām uz gludas galda virsmas, sāk veidot nelielas mīklas bumbiņas, kurās vidū ieliek apt. ēdamkaroti pildījuma. Tad pārloka mīklu uz pusēm un izveido pusapļus mēnestiņus. Tos sarindo uz, ar sviestu iesmērētas un ar miltiem pārkaisītas, pannas. Var izmantot arī cepamo papīru pamatnei.

Kad panna pilna, pirms cepšanas pīrādziņus nosmērē ar svaigi sakultu olu, kam pievienota atlikusī ēdamk. piena.

Cepeškrāsni iepriekš sakarsē uz 220°C. Pīrādziņus cep, kamēr tie no virspuses maigi brūni.

Vislabāk tie garšo ar svaigu alu!

Labu apetīti!

Elīna Garanča

New York – Energisch schleift Elina Garanča das Messer und teilt die langen Speckblätter mit starken, schnurgeraden Schnitten. Sie weiß, was gut ist: Pirâdziņi, ihre gefüllten Kipferln mit Speck, Zwiebeln und Ei.

Angela Gheorghiu

Sopran, Rumänien

Es gibt nichts Entspannenderes, als mit einem ausgedehnten Brunch in den Tag zu starten", sagt der Weltstar Angela Gheorghiu. „Obst und frischer Fruchtsaft, Speck, Schinken, Eier und mein selbst gebackenes Brot machen das Frühstück perfekt."

Die meiste Zeit des Jahres verbringt die Künstlerin in Hotels. Dauert ihr Aufenthalt länger als zwei Wochen, besteht sie auf eine Küche in ihrer Suite. „Ich koche nicht viel, aber ein eigener Herd muss sein. Habe ich Appetit auf meine Tomatensauce zu Spaghetti, will ich sie selbst zubereiten können und nicht auf ein Restaurant angewiesen sein. Außerdem beruhigt das Kochen meine Nerven", sagt die elegante Sängerin. Eine große Esserin ist die Rumänin allerdings nicht, und auch nicht sonderlich experimentierfreudig, wie sie zugibt. Am liebsten kocht sie nach den Rezepten ihrer Mutter.

Was ich auf keinen Fall esse:
Da ich viel reise, kommt mir einiges unter. Was ich aber definitiv nicht esse, ist alles, was noch lebt und sich auf meinem Teller bewegt.

Heißhunger:
Zwieback mit geriebenem Apfel.

Das findet man immer in meinem Kühlschrank:
Früchte, Butter, Eier, Grapefruit-, Karotten-, Erdbeer- und Heidelbeersaft, Salami.

Wen ich gern zum Essen lade:
Definitiv Cary Grant, ich liebe ihn!

Mein Motto:
Wenn du Ehrgeiz und Kraft hast, kannst du Berge versetzen, aber wenn du Verstand hast, lässt du die Berge, wo sie sind.

Pâine de casâ moldoveneascâ

Hausbrot

Für 4 Personen

1. Das Ei in einer großen Schüssel verquirlen, ein wenig salzen. Die Milch und das Hefepulver dazugeben. Gut vermischen. Nach und nach Mehl zufügen. Die sehr weiche Butter dazugeben und alles gut verkneten. ½ Stunde zugedeckt rasten lassen.
2. Hände mit Pflanzenöl einfetten und den Teig in 6 Stücke teilen. Diese Stücke zu Rollen formen und daraus zwei Zöpfe flechten.
3. Eine ofenfeste Form gut mit Mehl bestauben und die Brotzöpfe hineinlegen. Im vorgeheizten Backrohr bei 200 Grad ca. 25 Minuten backen.

ZUTATEN
1 kg Mehl
1 Ei
18 g Hefepulver
250 ml Milch
1 EL Butter
etwas Pflanzenöl
Salz

TIPP
Aromatisieren Sie den Teig je nach Geschmack mit Rosmarin, Knoblauch und Meersalz.

Château Angélus 2003 – Frankreich

Pâine de casă moldovenească

1Kg de făină
250gr. unt
1 ou
100 ml. lapte
100 ml. apă
un praf de sare
20 gr. drojdie

Se amestecă oul cu praful de sare.
Se adaugă drojdia, laptele și apa.
Se omogenizează bine. Se încorporează
faina încetul cu încetul cu o furculiță
până când aluatul devine bun de
frământat. Adăugăm untul și continuăm
frământarea până când aluatul devine
consistent și se poate modela după
fantezia fiecăruia. Se lasă la odihnit
între 30-60 min, ca acest aluat să
crească. După ce a crescut îl așezăm în
tăvi în forma preferată. Se ține în cuptor
la 220° până când pâinea noastră cea de toate
zilele va fi rumenă! Poftă bună scumpii mei!!!
Angela Gheorghiu - Gina

New Jersey – Angela Gheorghiu weiß, wie man Freunde begeistert. Zunächst werden sie in einer Stretchlimousine in New York eingesammelt, und dann geht's zum gemeinsamen Brotbacken nach New Jersey.

Thomas Hampson

Bariton, Amerika

Wenn der sympathische Bariton wieder einmal rund um den Globus jettet und an einem Gastspielort ein Appartement mietet, stellt er sich immer wieder selbst an den Herd. „Ich probiere nicht viel Neues aus, sondern koche für mich allein das, was ich kenne. Das entspannt mich. Und geht etwas schief, bin ich der Einzige, der darunter leiden muss", lacht der immer gut gelaunte Beau.

Der Amerikaner ist ein Frühstücksfanatiker. Nach seiner morgendlichen 30-minütigen Turneinheit liebt er es, mit Obst, Müsli, Eiern und Kaffee gemütlich in den Tag zu starten. Gibt er am Abend eine Vorstellung, isst er ab zwei Uhr nachmittags nur mehr wenig und vermeidet scharfe Speisen. Um seinen Körper in Balance zu bringen, trinkt er außerdem viel Wasser.

In der eigenen Küche fungiert Thomas Hampson als „braver Assistent" seiner Frau und kümmert sich um Schneidearbeiten und die richtige Würze der Gerichte.

Was ich auf keinen Fall esse:
Ich esse sehr wenig Schweinefleisch und keine Innereien.
Heißhunger:
Ich bin sehr verwöhnt. Nach Lust und Laune wähle ich dann oft etwas aus der japanischen oder thailändischen Küche.
Das findet man immer in meinem Kühlschrank:
Stilles Wasser, Butter, Eier, Säfte – Orange und Karotte, Joghurt, Cottage Cheese, Tomaten, Zwiebeln und Parmaschinken.
Wen ich gern zum Essen lade:
Gustav Mahler, Max Reinhardt und Alfred Roller.
Mein Motto:
Fortune favors the prepared mind – das Glück bevorzugt den, der darauf vorbereitet ist.

Salsa and Simple Egg Soufflé

Salsa mit Omelette

Für 4 Personen

1 Die Frühlingszwiebeln in Ringe schneiden. Dosentomaten würfeln. In einer Schüssel mit den Zwiebeln vermischen. Die klein geschnittenen Jalapeños dazugeben. Mit Knoblauch- und Zwiebelsalz würzen.

2 Die ganzen Eier mit Milch verquirlen, salzen und pfeffern und in etwas Butter in einer kleinen Pfanne zugedeckt zu einem Omelette backen.

3 Avocados schälen und in Scheiben schneiden. Omelette auf Tellern anrichten, Salsa darübergeben und mit den Avocadoscheiben, Kirschtomaten und Tortillas anrichten. Cheddar nach Bedarf darüberhobeln.

ZUTATEN SALSA

1 Bund Frühlingszwiebel
2 Dosen geschälte Tomaten, je ca. 400 g
1 kleines Glas Jalapeños
Knoblauchsalz
Zwiebelsalz

ZUTATEN OMELETTE

Kirschtomaten
2 reife Avocados
4 Eier
⅛ l Milch
Butter
Tortillas
Cheddar-Käse
Salz, Pfeffer

TIPP

Im vorgeheizten Grill kurz mit Käse überbacken.

Riesling Uhlen L 2007, Heymann-Löwenstein – Deutschland

Salsa and simple egg soufflé

Ingredients: 2 400gr. cans of peeled or crushed tomatoes
4 mid size bunches of green onions
1 can/jar of green jalapeños peppers (200gr.)
garlic salt, onion salt, garlic juice, regular salt
→ 4 large eggs, whole milk, butter, tortillas (corn or flour)

Salsa:

put following contents into bowl: tomatoes (in hand diced (carefully) or if clumsy - use diced tomatoes!) chop relatively small, the green onions - tips + heads - dice jalapeños (entire can) mix.

to taste add - juice from jalapenos, salts, garlic juice
tip: salts = 1 normal 1/2 garlic 1/4 onion - limited garlic juice
for real experience add all juice from jalapeños!
Start with less and add as wished for, let sit a while before final conclusion.

— Simple Soufflé

Crack all of the four or five eggs in a bowl
Add ca. 1/8 l milk (just covers the eggs)
heat pan that has appropriate lid!! firm cover! 1–12 (10)
put 1/8 stick butter in pan, sprinkle lightly c̄ salt
when butter sizzles - pour well beaten, frothy eggs + milk into pan quickly.
Cover! and leave on high heat ca. 4 min Don't peek!
Lift lid slowly to let steam out before seeing puffy eggs in pan.
Remove from heat, cut as desired for servings.

Serve with: generous salsa servings
melted cheddar cheese
fresh avocado and ~~tomatoes~~
warm tortillas

London – Nichts kann Thomas Hampson beim Zubereiten seiner Salsa aus der Ruhe bringen. Selbst die gierigen Blicke der schaulustigen Passanten durch die straßenseitigen Glasfronten im Küchenstudio lassen ihn kalt.

Nino Machaidze

Sopran, Georgien

Schon mit 14 Jahren habe ich leidenschaftlich gern für unsere vierköpfige Familie gekocht", sagt die rassige Georgierin. Ihrer Mutter ging die Sopranistin schon früh beim Kochen zur Hand und profitiert heute noch von dieser „Schule". Am liebsten zaubert sie georgische Gerichte auf die Teller, die sie in ihrer Wahlheimat Italien an zuhause erinnern.

Machaidze lebt mittlerweile in Mailand und hat nicht nur ihren italienischen Herzallerliebsten, sondern auch gleich seine ganze Familie eingekocht. Allerdings nicht mit „cucina italiana", sondern mit ihren exotischen Kreationen aus der japanischen und chinesischen Küche.

Was ich auf keinen Fall esse:
Artischocken und Fenchel.
Heißhunger:
Meine erste Hilfe ist Schokolade (mhmm!) und Kekse mit Nutella.
Das findet man immer in meinem Kühlschrank:
Salate, Käse – Brie mag ich sehr gerne, Mozzarella di Bufala.
Wen ich gern zum Essen lade:
Meine liebsten Freunde, um so richtig aufkochen zu können.
Mein Motto:
Der Weg ist das Ziel.

Lobiani

Mit Bohnenpaste gefülltes Brot

Für 6–8 Personen

1 Die Hefe in etwas lauwarmem Wasser auflösen. Das Mehl in eine große Schüssel geben, die Hefe dazufügen. Gut durchkneten. Mit Wasser aufgießen, bis die Konsistenz für einen glatten, festen Teig erreicht ist. Ca. 30 Minuten ruhen lassen.

2 Inzwischen die Bohnen abtropfen lassen und pürieren, mit Salz und Pfeffer nach Geschmack würzen.

3 Den Teig in apfelgroße Stücke teilen und daraus Kugeln formen, nochmals ruhen lassen. Die Kugeln ca. 1 cm dick ausrollen und die Bohnenpaste in der Mitte verteilen. Zu einem Paket einschlagen und flach drücken. In heißem Pflanzenöl beidseitig braten.

ZUTATEN TEIG
2 kg Mehl
40 g Hefe
Pflanzenöl
500 ml lauwarmes Wasser

ZUTATEN FÜLLUNG
1 kg dunkle Bohnen in der Dose
Salz, Pfeffer

TIPP
Sehr gut passt ein Rohkostsalat dazu.

Syrah 2007, Lammershoek – Südarfika

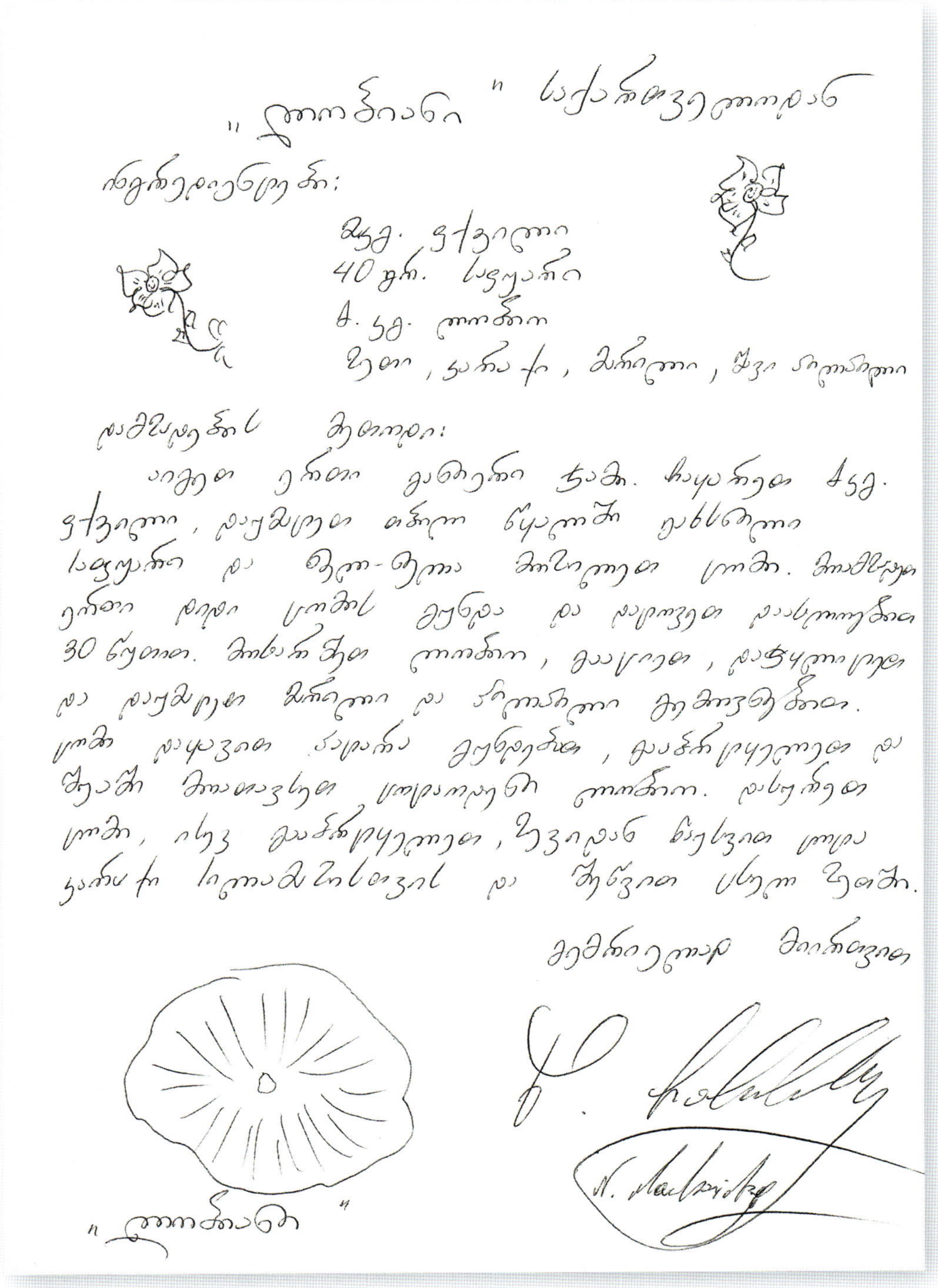

"ლობიანი" საქართველოდან

ინგრედიენტები:

1კგ. ფქვილი
40 გრ. საფუარი
1. 5კგ. ლობიო
ზეთი, კარაქი, მარილი, შავი პილპილი

მომზადების წესი:

აიღეთ ერთი ლიტრი თბილი წყალი. ჩაყარეთ 1კგ. ფქვილი, დაუმატეთ თბილ წყალში გახსნილი საფუარი და ნელ-ნელა მოზილეთ ცომი. მოამზადეთ ერთი დიდი ცომის გუნდა და დატოვეთ გასაფუებლად 30 წუთით. მოხარშეთ ლობიო, გააცივეთ, დაჭყლიტეთ და დაუმატეთ მარილი და სუნელები გემოვნებით. ცომი დაყავით პატარა გუნდებად, გააბრტყელეთ და შუაში მოათავსეთ მომზადებული ლობიო. დაახურეთ ცომი, ისევ გააბრტყელეთ, ზევიდან წაუსვით ცოტა კარაქი სიპრიალისთვის და შეწვით ცხელ ზეთში.

გემრიელად მიირთვით

N. Machaidze

"ლობიანი"

München – Mit ihrer ganzen Kraft bearbeitet Nino Machaidze den Teig, schlägt, knetet, rollt, formt ihn, um nach dem Backen zärtlich in die Lobiani beißen zu können.

Akiko Nakajima

Sopran, Japan

Aller Anfang ist schwer – auch am Herd. Diese Erfahrung machte auch die in Kushiro, Japan, geborene Sängerin. „Als meine Schwester und ich an der Musikhochschule in Sydney studierten, mussten wir uns selbst versorgen. Unsere Mutter gab uns zwar ein Kochbuch mit, aber in den ersten Tagen ist uns jedes Rezept misslungen. Statt es weiter zu probieren, sind wir essen gegangen. Als das Geld knapp wurde, hatten wir keine Wahl und versuchten uns so lange am Herd, bis unsere Gerichte einigermaßen schmeckten", blickt die Sopranistin lachend zurück. Die harte Schule hatte aber auch ihren Vorteil. „Seitdem bin ich in Restaurants viel aufmerksamer und lasse mich inspirieren", sagt die Künstlerin.

Heute steht die Japanerin vorwiegend gemeinsam mit ihrem Mann in der Küche. Weiß sie bei der Zubereitung eines Gerichts einmal nicht weiter, surft sie im Internet nach dem passenden Rezept.

Was ich auf keinen Fall esse:
Hundertjährige chinesiche Eier und fermentierten Haifisch.
Heißhunger:
Hängt davon ab, wo ich gerade bin: Japan – Sushibar, Italien – Bistecca alla fiorentina, Österreich – Wiener Schnitzel.
Das findet man immer in meinem Kühlschrank:
Milch, Naturjoghurt, Butter, Wiener Weißwein, Saisongemüse, Bergkäse, Brie, Kaffee, grüner Tee.
Wen ich gern zum Essen lade:
Alle meine guten Freunde, um die Zeit gemeinsam zu genießen. Meine Familie lebt in Japan, die meines Mannes in Dänemark.
Mein Motto:
Glücklich sein mit dem, was man hat.

Tempura

Gebackenes Gemüse, Garnelen und Fisch

Für 4 Personen

ZUTATEN ZUM FRITTIEREN
8 Garnelen, 50 g roter Paprika, 50 g Zucchini
Shiso (Japanisches Basilikum)
50 g Melanzani, Shitakepilze
80 g weißer Seefisch nach Geschmack
Pflanzenöl

ZUTATEN SAUCE
80 ml Sojasauce
90 ml Mirin (Reiswein)
320 ml Dashi (Fischfond)
10 g Kezuribushi (getrocknete Flocken vom Thunfisch)

ZUTATEN TEIG
2 Eidotter, 2 Tassen kaltes Wasser
240 g kaltes Mehl

2 Tassen Daikon (weißer Rettich)
½ Tasse eingelegter Ingwer

1 Für die Sauce den Reiswein leicht erhitzen und köcheln lassen, bis der Alkohol verdampft ist. Die Sojasauce und den Fischfond zufügen. Aufkochen und die Thunfischflocken untermischen. Abkühlen lassen und durch ein Sieb filtern.

2 Mehl, Eidotter und Eiswasser zu einem flüssigen Teig verrühren.

3 Das in Stücke geschnittene Gemüse und die Shitakepilze in Mehl wenden und in den Teig tauchen. In einem Wok das Pflanzenöl sehr heiß werden lassen, das Gemüse darin knusprig frittieren. Das Basilikum aus optischen Gründen nur auf einer Seite in Mehl und Teig tauchen.

4 Anschließend den Fisch und die Garnelen frittieren. Sehr heiß anrichten und mit Rettich und Ingwer dekorieren.

TIPP
Alternativ eignet sich auch jede Art von Süßwasserfisch wie Zander, Wels oder Saibling.

Sauvignon Blanc Kranachberg 2008, Sattlerhof – Österreich

てんぷら盛り合わせ

中嶋彰子

材料（4人分）

えび 8匹
白身魚（カレイ） 80g.
ズッキーニ 50g.
赤ピーマン 〃
青じその葉 4枚.

てんつゆ
- みりん 80ml.
- だし 320ml.
- 薄口しょうゆ 40ml.
- 削節（かつお） 10g.

㊟ だし：みりん：しょうゆ
4：1：1

衣.
- 卵黄 2コ分
- 冷水 カップ2.
- 小麦粉 240g.

大根おろし カップ1.
しょうが 2小スプーン
揚げ油.

1. 初めにてんつゆを作る。鍋にみりんを入れて弱火にかけアルコール分をとばす。最後に削節を加えこす。
2. 衣の卵黄をボウルに入れて冷水を加えよく溶いてから冷たい小麦粉を加え、サックリとダマが少し残る程度に混ぜる。
3. まず野菜から揚げる。

揚げる直前に衣を作って粘りを出さない。材料に合った油の温度にし、シーズンの野菜でカラフルに。
これがすてきなてんぷら盛り合せのコツです！

いただきまーす!!

Akiko Nakajima

Wien – Akiko Nakajima pickt mit den Stäbchen nach einer Garnele, zieht sie elegant durch den Teig und lässt die Meeresfrüchte behutsam ins heiße Öl gleiten, um sie in brodelndem Tanz garen zu lassen.

Bo Skovhus

Bariton, Dänemark

Bo Skovhus wählt seine Appartements für seine Engagements immer nach der Küchenausstattung aus. Immerhin schwingt er zur Entspannung nach einem anstrengenden Probentag gern den Kochlöffel und will daher auf geeignetes Equipment zurückgreifen „Dann belohne ich mich mit einem selbst gekochten mehrgängigen Menü", berichtet der smarte Bariton aus Aarhus, der in der siebenten Klasse im schulischen Kochunterricht Feuer gefangen und den Kochlöffel seitdem nicht mehr aus der Hand gelegt hat.

Als Teenager krempelte er die eingefahrenen Menüpläne seiner Eltern völlig um. „Bei uns gab es immer nur Fleisch, Kartoffeln, Sauce und Frikadellen. Mich langweilte, was bei uns zuhause auf den Tisch kam", blickt der Hobbykoch zurück, und sorgte mit Lasagne, Pasta, oder Reisgerichte für Abwechslung auf den Tellern. „Vielleicht haben sich meine Eltern auch deshalb nie beschwert, weil sie froh waren, nicht mehr selbst kochen zu müssen", schmunzelt der Sänger.

Was ich auf keinen Fall esse:
Milchreis und Haferschleimsuppe.
Heißhunger:
Dunkle Schokolade mit mindestens 85 Prozent Kakaoanteil hilft immer. Sie schmeckt übrigens hervorragend zu Rotwein.
Das findet man immer in meinem Kühlschrank:
Zwei Flaschen Weißwein, Vollkorn-Roggenbrot in dünne Scheiben geschnitten, Philadelphia neutral und ein Glas mit Anchovis.
Wen ich gern zum Essen lade:
Alma Mahler, um herauszufinden, worin die Faszination dieser Frau lag – vielleicht war sie ja eine gute Köchin …
Mein Motto:
Verschiebe nicht auf morgen, was du heute kannst besorgen!

Torskeforret

Dorsch mit Kirschtomaten und Oliven

Für 4 Personen

1 Kirschtomaten und Oliven halbieren, Frühlingszwiebeln in Streifen schneiden, Petersilie hacken.

2 Olivenöl in eine ofenfeste Pfanne gießen und die gefrorenen Dorschstücke einlegen. Den Zitronensaft über den Fisch gießen. Die Kirschtomaten, Frühlingszwiebeln, Kapern und Oliven darauf verteilen.
Mit Weißwein beträufeln, nach Geschmack salzen und pfeffern. Die Chilischote in den Fingern verreiben und darüberstreuen.

3 Bei ca. 180 Grad im Backrohr ½ Stunde backen.
Mit der gehackten Petersilie bestreuen.

ZUTATEN
900 g gefrorener Polardorsch
800 g Kirschtomaten
1 großer Bund Frühlingszwiebeln
1 Bund Petersilie
je 40 g grüne und schwarze Oliven
40 g Kapern
3 EL Olivenöl
Saft einer ½ Zitrone
ein wenig Weißwein
1 getrocknete Chilischote
Salz, Pfeffer

TIPP
Dieses Gericht kann auch mit frischem Fisch zubereitet werden. Statt Petersilie eignet sich auch Basilikum sehr gut.

Whelener Sonnenuhr Riesling Auslese 1988,
Weingut Dr. Loosen – Deutschland

TORSKEFORRET!

TIL 4. PERSONER:

900 GR. TORSKEFILLET FROSSEN (F.EKS. IGLO)
800 GR. SMÅ TOMATER
1 BUND FORÅRSLØG
40 GR. STENFRI GRØNNE OLIVEN
40 GR. STENFRI SORTE OLIVEN
40 GR. KAPERS
1/2 CITRON   1. BUND PERSILLE

TORSKEFILLETERNE LÆGGES I ET OVENFAST FAD, SMURT MED OLIVENOLIE, DEROVER DE HAKKEDE FORÅRSLØG, DE HALVEREDE SMÅ TOMATER, DE STENFRI GRØNNE OG SORTE OLIVEN SKÅRET I HALVE, SAMT DE UDPRESSEDE KAPERS. DEN HALVE CITRON PRESSES UD OVER DET HELE.

1/2 TIME I OVNEN VED 180°

SERVERES MED HAKKET PERSILLE OVER, OG CIABATTA-BRØD.

GOD APETIT!

Wien – Bei Messerfreak Bo Skovhus gibt es nur ein Verbot in der Küche: Finger weg von seinen scharfen Messern, die sind ihm heilig.

Lawrence Brownlee

Tenor, Amerika

Der in Youngstown, Ohio, geborene Sänger stammt aus einer Großfamilie und fand den Weg in die Küche nur dann, wenn seine Mutter ihre sechs Kinder zum Essen rief. „Erst als ich vor einem Jahr begann, mich bewusster zu ernähren und unnötige Kilos abzuspecken, näherte ich mich auch dem Herd", sagt der Tenor. „Es ist ja kein Nachteil, wenn man über Lebensmittel und die Kalorienbomben unter ihnen Bescheid weiß."

Schritt für Schritt erweitert er nun sein Kochrepertoire. Er bevorzugt Salate, versucht sich an Omelettevariationen und wagt sich auch an Nudelgerichte. Diese portioniert er und wärmt sie in der Mikrowelle auf, wenn ihm der Probenstress wieder einmal keine Zeit lässt, frisch zu kochen.

Was ich auf keinen Fall esse:
Ich bin für alles offen und probiere auch gern neue Gerichte.
Heißhunger:
Pizza mit zwei Käsesorten, schwarze Oliven, Peperoni oder Wurst.
Das findet man immer in meinem Kühlschrank:
Joghurt, Cottage Cheese, Weintrauben, Eier, Schinken, Hühner- oder Truthahnbrust, saisonales Gemüse.
Wen ich gern zum Essen lade:
US-Präsident Barack Obama, um mit ihm zu plaudern.
Mein Motto:
Was immer du willst – mit harter Arbeit kannst du es erreichen.

Dawn's Crazy Craisin Chicken Salad

Hühnersalat

Für 2 Personen

1 Beim Spargel die holzigen Enden wegschneiden. 2 bis 3 Minuten in kochendem Salzwasser bissfest kochen und in ca. 2 bis 4 cm große Stücke schneiden. Salat- oder Spinatblätter waschen, gut abtropfen lassen und auf Tellern anrichten.

2 Den in Stückchen geschnittenen Ziegenkäse, Preiselbeeren und die Walnüsse darüberstreuen. Die gegrillten Hühnerbrüste in Streifen schneiden, darauflegen und mit den Oliven und dem Spargel garnieren.

3 Olivenöl und Balsamico-Essig vermischen, nach Geschmack salzen, pfeffern und damit den fertigen Salat beträufeln.

ZUTATEN

4 gegrillte Hühnerbrüste
160 g Ziegenkäse
100 g getrocknete Preiselbeeren
100 g halbierte Walnüsse
400 g Spinatblätter oder Salatblätter
1 Bund grüner Spargel
16 grüne Oliven in Öl mit Chili
1 EL Olivenöl
1 EL Balsamico-Essig
Salz, Pfeffer

TIPP

Als Variante, statt der Preiselbeeren, rohe gehobelte oder angebratene frische Pilze unter den Salat mischen.

Charming Grüner Veltliner 2008, Laurenz V. – Österreich

Dawn's Crazy Craisin Chicken Salad
(For 2)

- 12 oz. Roasted Chicken breast
- 2/3 Cup of Low-Fat cheese (Feta or Goat Cheese)
- 1/3 Cup of Dried cranberries (Craisins)
- 1/2 Cup of walnut halves
- Romaine or Spinach Leaves
- 5 Asparagus Spears
- 1/4 cup of green olives with red peppers inside
- 1 tbsp. olive oil
- 1 tbsp. balsamic vinagrette

First, bake the chicken breasts for 45 mins at 425°. When the chicken breasts are done, start a small pot of water and bring it to a boil. Add the asparagus to the boiling water and simmer for 5 to 8 minutes. Next, wash and dry the lettuce and place on a salad plate or bowl. Sprinkle the cheese, dried cranberries, and walnut halves over the lettuce leaves. Slice the chicken breasts into thin slices, and place them on top of the salad. Decorate the salad with the green olives. Slice the "al dente" asparagus spears, and place as garnish. Last, mix the olive oil and balsamic vinagrette in a small cup or bowl, and drizzle it artistically over the finished dish, and Voilá!

New York – Mit halb fertigen Produkten finalisiert Lawrence Brownlee seine Speisen im Handumdrehen. Nichts geht schneller, wenn man endlich seinen Hunger stillen möchte.

Daniela Dessi

Sopran, Italien

„Sänger sollten vor dem Auftritt eine Pasta essen, weil sie die Stimme geschmeidig macht", kennt die in Genua geborene Sängerin die Vorzüge des italienischen Nationalgerichts. Wie ihr Ehemann, der Tenor Fabio Armiliato, liebt auch sie Teigwaren, bevorzugt in Kombination mit Meeresfrüchten. Für Dessi sind Nudeln die Kraftmahlzeit schlechthin.

Kochen brachte sich Daniela Dessi selbst bei, indem sie ihren beiden Großmüttern und ihrer Mutter in der Küche immer wieder über die Schulter schaute. Das reichte, um die wesentlichen Handgriffe zu verinnerlichen. Heute kocht sie selbst mit großer Leidenschaft. Hie und da wirft sie zwar einen Blick ins Kochbuch, aber lieber kreiert sie selbst neue Gerichte. „Obwohl ich keine Spanierin bin, bereite ich gern Paella zu. Aber ansonsten kommt bei mir nur ‚la cucina italiana' auf den Tisch", lacht die Italienerin.

Was ich auf keinen Fall esse:
Ich mag nichts Süßes, sondern bevorzuge Salziges. Was ich überhaupt nicht mag, sind Jungtiere wie Lämmer und Kälber, die tun mir leid.
Heißhunger:
Kenne ich nicht. Ich esse regelmäßig, ohne es zu übertreiben. Sollte ich plötzlich hungrig sein, esse ich eine Scheibe Schinken.
Das findet man immer in meinem Kühlschrank:
Parmaschinken, Gemüse und Joghurt.
Wen ich gern zum Essen lade:
Mozart, um ihn zu fragen, ob er das Rätsel um seinen mysteriösen Tod aufdecken kann.
Mein Motto:
Make love, not war!

Polpo alla marinara

Marinierter Tintenfisch

Für 4 Personen

ZUTATEN

1 Tintenfisch, ca. 1 kg
3 mittelgroße Kartoffeln
200 g schwarze Oliven
200 g Kirschtomaten
100 g Kapernbeeren
100 g Pinienkerne
6 EL Olivenöl
2 EL Balsamico-Essig
Salz und Pfeffer

1. Den Tintenfisch in kochendem Wasser ca. 1 Stunde köcheln lassen oder so lange, bis er weich ist. Ein wenig auskühlen und in Stücke schneiden.
2. Die Kartoffeln weich kochen, in Würfel schneiden und mit den halbierten Kirschtomaten in eine Schüssel geben. Tintenfisch, Oliven, Kapernbeeren und Pinienkerne daruntermischen.
3. Aus dem Öl, Essig, Salz und Pfeffer eine Marinade mischen und über den Salat träufeln. Auf Tellern anrichten.

TIPP
Frische Basilikumblätter unter den Salat mengen.

Bonisimus 2007, Batič – Slowenien

- Polpo alla Marinara -

Ingredienti: 1 polpo di 1 Kg.
abbondanti pomodorini di Pachino
3 patate medie
olive nere a piacere
5 capperi grandi di Sicilia
una manciata di pinoli
origano
1 spicchio d'aglio, olio e sale

Far bollire il polpo, al quale devono essere tolti gli occhi e il becco e precedentemente eviscerato, in abbondante acqua per circa un'ora e a metà cottura aggiungere un po' di sale. In una insalatiera condire le patate, precedentemente bollite, le olive, i pomodorini tagliati a metà e privati dei semi. Appena cotto scolare e tagliare il polpo e piccoli pezzi e versarlo nell'insalatiera. Aggiungere uno spicchio d'aglio tagliato a metà, l'olio, il sale, i capperi tagliati a pezzetti piccoli, l'origano e mescolare il tutto. Lasciare riposare per 10 minuti e... il piatto è pronto!

Buon appetito da Daniela Dessì

Mailand – Die Autodidaktin Daniela Dessi liebt es, Gerichte zu kreieren – nicht nur, um ihre Freunde zu verwöhnen, sondern auch, um ihrer Freude am Kochen Ausdruck zu verleihen.

Deborah Voigt

Sopran, Amerika

„Mein erstes selbst verdientes Geld stammte aus dem Verkauf selbst gebackener Kekse auf dem Schulhof", erzählt die in Wheeling, Illinois, geborene Sopranistin. Auch heute noch steht Voigt, die auch in der Schule das Fach Kochen belegte, gern in der Küche – sofern es sich mit ihrem dichten Probenplan vereinbaren lässt. Dann gibt es Hühnersuppe mit Nudeleinlage oder Salate. Für ihren Yorkshire-Terrier Steinway hat sie stets ein paar Happen weißes Fleisch parat. Er ist der Einzige, der in Voigts Haushalt in den Genuss regelmäßiger Mahlzeiten kommt. „Regelmäßigkeit gibt es in meinem Leben nicht, auch nicht beim Essen", so die Amerikanerin. Dafür übt sie sich in Disziplin und schlägt selten über die Stränge. „Bei den Größen meiner Portionen und jenen meiner Kleider dulde ich keine Ausnahmen", sagt die Künstlerin streng.

Was ich auf keinen Fall esse:
Stinkenden Käse.
Heißhunger:
Was immer ich bekommen kann – hoffentlich nur eine Banane oder Nüsse, bevorzugt Mandeln.
Das findet man immer in meinem Kühlschrank:
Eier, Himbeerjoghurt, Milch und Huhn für Steinway.
Wen ich gern zum Essen lade:
Beau George Clooney – aus verschiedensten Gründen!
Mein Motto:
Immer mit der Ruhe!

Salade niçoise „Steinway“

Gegrillter Thunfisch auf Salat

Für 4 Personen

1 Die Kartoffeln und die grünen Bohnen in kochendem Wasser bissfest kochen. Die Eier vierteln. Den Salat waschen, die Kirschtomaten und die Kartoffeln halbieren. Grüne Bohnen nach Bedarf in Stücke schneiden.

2 Die Thunfisch-Steaks mit Olivenöl bestreichen und mit dem frischen Thymian bestreuen. Auf einer Grillplatte beidseitig scharf anbraten; beiseite stellen.

3 In einer großen Schüssel alle übrigen Zutaten vermischen und mit einer Marinade nach Belieben verfeinern. Den gegrillten Fisch in Scheiben schneiden und darüberlegen.

ZUTATEN

4 Thunfisch-Steaks, je ca. 150 g
1 grüner Salat
250 g grüne Bohnen
20 kleine Kartoffeln
20 Kirschtomaten
250 g schwarze Oliven
250 g Kapernbeeren
4 Eier, hart gekocht
8 Zweige frischer Thymian
Dijon-Salatmarinade
Olivenöl

TIPP

Als Beilage passen geröstete Baguettescheiben, zart mit Knoblauchbutter bestrichen.

Puligny-Montrachet Clavoillon 2005
Domaine Leflaive – Frankreich

"Steinway" Salad Niçoise

serves 4

4 tuna steaks
4 heads baby lettuce leaves
250 gms. french beans
20 baby potatoes, halved
20 cherry tomatoes, halved
250 gms. Kalamata olives
250 gms. caperberries
4 eggs
8 sprigs fresh thyme
Dijon Vinaigrette

Cook beans for two minutes (steam or boil), and put directly in to cold water.
Boil potatoes until just cooked (approx 8-10 mins)
Boil eggs for exactly seven minutes, cool, peel and quarter.
Rub tuna with olive oil and sprinkle with thyme.
Heat grill pan – very hot! – cook tuna for one minute each side – let cool and slice.

Place lettuce, tomatoes, potatoes, olives, caperberries, and beans into a bowl and toss with Dijon dressing.

Plate tossed salad with egg wedges on the side and top with sliced tuna.

"Debbie"

Deborah Voigt & Steinway

Barcelona – Ihrem kleinen Liebling, dem Yorkshire-Terrier Steinway, bereitet Deborah Voigt täglich Gerichte zu. Nur um für sich selbst zu kochen, mangelt ihr es immer wieder an Zeit.

Adriana Kučerová

Sopran, Slowakei

Fünfzehn Eier musste ich aufschlagen, ehe zwei für meinen ersten Palatschinkenteig tatsächlich in der Schüssel landeten", erinnert sich die zierliche Slowakin an ihre ersten Kochversuche.

In der Theorie wusste Kučerová aber damals schon, wie es geht, hatte sie doch ihrer Mutter lange genug beim Kochen über die Schulter gesehen. Ansonsten las sie sich ihr Küchenwissen in slowakischen Kochbüchern an, die sie so lange studierte, bis sie die Rezepte schließlich auswendig kannte.

Ihre ganze Leidenschaft am Herd gilt Suppen. „Sie zählen zu meinen Standardgerichten. Bereits als Kind habe ich alle Arten von Suppe geliebt", erzählt die Sopranistin. Aber auch die italienische und thailändische Küche stehen im Hause Kučerová hoch im Kurs. Pasta, Fisch- und Fleischgerichte schüttelt die hübsche Slowakin aus dem Ärmel. „Nur in der asiatischen Küche bin ich noch nicht sattelfest", gibt sie zu.

Was ich auf keinen Fall esse:
Schlangen und Innereien.
Heißhunger:
In der Nacht schleiche ich zum Kühlschrank und esse Käse und Schinken, aber ich verzichte aufs Brot.
Das findet man immer in meinem Kühlschrank:
Ich liebe einen vollen Kühlschrank, obwohl ich nie alles brauche, was sich darin befindet. Käse, Schinken, Joghurt, Milch, Weißwein und Baileys sind aber immer drin.
Wen ich gern zum Essen lade:
Am glücklichsten bin ich, wenn ich meine rare Freizeit mit meiner Familie verbringe.
Mein Motto:
The greatest art is the art of living – die höchste Kunst ist die Kunst zu leben.

Eierschwammerlsuppe

Für 4 Personen

ZUTATEN

750 g Eierschwammerln (Pfifferlinge)
1 ½ bis 2 l Hühner- oder Rindsuppe
100 ml Weißwein
70 g Butter
1 EL Stärke
1 große Zwiebel
¼ l Obers
je ein kleiner Bund Petersilie und Schnittlauch
etwas getrockneter Thymian
Salz, Pfeffer

1 Die frischen Eierschwammerln trocken bürsten und zwei Handvoll beiseitelegen. Die Zwiebel hacken und in etwas Butter glasig dünsten. Die Eierschwammerln klein schneiden, zufügen und gut anrösten. Mit der Suppe und dem Weißwein aufgießen. Thymian einstreuen und leicht köcheln lassen.

2 Ein EL weiche Butter mit der Stärke vermischen und in die Suppe geben. Noch 5 Minuten kochen lassen. Suppe mit Obers aufgießen und sofort mit einem Pürierstab durchmixen. Falls nötig, mit wenig Wasser verdünnen. Mit Salz und Pfeffer abschmecken.

3 Die beiseitegelegten Eierschwammerln in etwas Butter anrösten. Die Suppe in flachen Tellern anrichten und die Eierschwammerln und die gehackte Petersilie als Einlage einstreuen. Mit Schnittlauch dekorieren.

TIPP

Mit gerösteten Weißbrotwürfeln bestreuen.

Zierfandler Mandel-Höh 2008,
Weingut Stadlmann – Österreich

Krémová polievka z kuriatok

1 kg čerstvých kuriatok
1 cibuľa
1 sladká smotana
1 l mäsový vývar
petržlenová vňať
100 g maslo
soľ, korenie, 1 L hladkej múky

Nadrobno si nakrájame cibuľu, popražíme na masle a pridáme pokrájané kuriatka. (Niekoľko pekných hlavičiek si môžeme nechať na ozdobu.) Asi po 5 min. pridáme vývar a necháme variť. Metličkou si vymiešame trochu masla s múkou a pridáme do vriacej polievky na zahustenie. Pridáme smotanu, necháme prevrieť a dochutíme soľou a korením. Na troške masla popražíme celé hlávky vybraných kuriatok s posekanou petržlenovou vňaťou, čím ozdobujeme polievku.

! Odporúčam si nazbierať kuriatka vlastnoručne v lese, budú chutiť ešte lepšie. Dobrú chuť!

Adriana Kučerová

Salzburg – Schon als Kind löffelte Adriana Kučerová liebend gerne Suppen. Wann immer sie Zeit findet, putzt und schneidet sie Zutaten für ihre Leibspeise.

Anna Netrebko

Sopran, Russland

Zugegeben, es ist nicht ganz leicht, sich einen großen Opernstar wie Anna Netrebko in der Küche vorzustellen. Bis man sie dort am Werk gesehen hat: Sämtliche Handgriffe sitzen, die Technik ist solide, und die Speisen, die sie zubereitet, stillen mehr als bloß den Hunger. Gelernt ist gelernt: Schon als Kind hat die in Krasnodar geborene Sopranistin ihrer Mutter beim Kochen geholfen. Später hat sie sogar eigene Gerichte erfunden – etwa eine Pasta mit Butter, Sauerrahm und Zucker. Netrebko liebt es, zu kochen und zu essen – einfache Gerichte für sich, aufwendige für Familie und Freunde. Dann und wann kommt aber auch etwas Traditionelles auf den Tisch: „Großmutters Borschtsch ist eines meiner Lieblingsrezepte – das schmeckte immer so unglaublich gut", schwärmt Netrebko. „Das koche ich fünf- bis zehnmal im Jahr, weil es mich so sehr an meine Kindheit erinnert", erzählt die begehrte Sängerin.

Was ich auf keinen Fall esse:
Ich kann sogar Menschen essen, wenn sie gut gekocht sind! (lacht)

Heißhunger:
Nichts ist vor mir sicher!

Das findet man immer in meinem Kühlschrank:
Milch, Eier, Tomaten, Früchte, Weiß- und Rotwein, Käse, Kirschjoghurt, frischen Fisch.

Wen ich gern zum Essen lade:
Meine lieben Freunde, die ich zu selten sehe.

Mein Motto:
Die Diät beginnt morgen!

Borschtsch

Rote-Rüben-Suppe

Für 6–8 Personen

ZUTATEN

200 g Rindfleisch ohne Knochen
1 bis 2 rote Rüben, 2 große Karotten
2 bis 3 große Kartoffeln, 1 weiße Zwiebel
½ Weißkohl, 2 Knoblauchzehen
2 Stangen Sellerie
½ bis 1 roter Paprika
1 EL Öl
500 g pürierte Tomaten
½ Zitrone
1 Dose rote Bohnen
Schwarzbrot
Sauerrahm, Petersilie
Zucker, Salz, Pfeffer
eventuell klare Suppe

1 Das Fleisch in einen großen Topf geben und mit kaltem Wasser bedecken. Aufkochen lassen, bis sich Schaum bildet. Das Wasser abgießen und erneut mit ca. 3 bis 4 l heißem Wasser oder klarer Suppe aufsetzen. Ca. eine Stunde leicht köcheln lassen.

2 Die roten Rüben, Zwiebel, Knoblauch, Karotten, Selleriestangen und den Paprika in dünne Streifen schneiden. In einer Pfanne das Öl erhitzen und das Gemüse darin gut anbraten, die Tomaten aus der Packung einrühren.

3 Diese Mischung sowie den in Streifen geschnittenen Weißkohl, Bohnen und die in Würfel geschnittenen Kartoffeln in die Suppe geben. Nach Geschmack salzen und pfeffern. Eventuell mit ein wenig Zucker und Zitronensaft würzen. Noch ca. eine Stunde leicht köcheln lassen.

4 Fleisch in Würfel schneiden. In Suppentellern anrichten und mit einem EL Sauerrahm in der Mitte dekorieren. Nach Geschmack mit gehackter Petersilie bestreuen. Das Gericht wird mit Schwarzbrot gegessen.

TIPP

Statt Schwarzbrot, mit Buchweizen-Blinis und Kaviar servieren.

Barbera d'Asti „Ai Suma" 2007, Braida – Italien

КРАСНОДАРСКИЙ БОРЩ

1) только с водкой!

ингридиенты:

1) говяжье мясо на косточке (или без) (можно курицу)

+2) картошка
+3) капуста
4) сельдерей
+5) морковка
6) свекла
+7) лук
+8) чеснок
+9) сладкий перец
++10) томатная паста
11) лимон
12) красная фасоль
13) петрушка
+14) сметана
+15) соль
16) сахар

Рецепт

1) отварить мясо на косточке.
2) нарезать картошку и бросить в бульон.
3) пока варится, нарезать лук, морковь, свеклу, сельдерей, сладкий перец.
4) всё положить на сковороду и чуть-чуть поджарить на масле (не оливковом!)
5) добавить в сковороду к овощам – томатной пасты и всё немного тушить (минут 5-7)
6) Добавить чеснок, сахар (2-1 ложку) и соли!!
7) когда картошка в бульоне почти готова, опустить в кастрюлю все овощи.
8) варить ещё минут 10, помешивая и добавив капусту (свежую), варёную фасоль, можно острого перца и немного лимона.
9) Добавлять соль и сахар и лимон по вкусу!

не переварить!

подавать со сметаной! водкой, чёрным хлебом.

Сверху посыпать свежей петрушкой.

на второй и третий день будет ещё вкуснее!!!

ПРИЯТНОГО АППЕТИТА!

Wien – Mit Elan schneidet Anna Netrebko ihre Zutaten – zack, zack, die Karotten, zack, zack, die rote Rübe, zack, zack, den Paprika, schwupps, alles in die Pfanne. Tomaten dazu, rührt, schmeckt ab, herrlich – einfach Borschtsch!

Luca Pisaroni

Bassbariton, Italien

Ich vertraue nicht auf Kochbücher, sondern höre beim Kochen auf meine Frau", schmunzelt der fröhliche Norditaliener. Unter der Leitung seiner Liebsten wird täglich gekocht und wann immer seine Unterstützung in der Küche benötigt wird, bringt sich der in Busetto geborene Sänger ein. „Was wir immer zuhause haben, ist frisches Gemüse. Daraus bereiten wir uns gern Kleinigkeiten im Wok zu – etwa rote oder grüne Currys, oder es gibt Couscous. Beim Essen sind wir maßvoll", sagt der Bassbariton. Und natürlich müssen da auch noch die zwei Vierbeiner versorgt werden, die den hundeverrückten Sänger auf seinen Reisen um die Welt begleiten: Golden Retriever Lenny und Dackel Tristan. Langweilig wird es also nie.

Was ich auf keinen Fall esse:
Innereien, bis auf Kutteln.

Heißhunger:
Dann gibt es Sushi. Zwischendurch kleine Portionen zu essen ist sinnvoller, als sich auf einmal vollzustopfen.

Das findet man immer in meinem Kühlschrank:
Tomaten, Parmesan, Mozzarella, Sojamilch, Tofu, saisonale Früchte, Weißwein – Pinot Grigio oder Riesling, Wasser.

Wen ich gern zum Essen lade:
US-Präsident Barack Obama, Clint Eastwood und Meryl Streep, um mit ihnen private Gespräche zu führen.

Mein Motto:
Gib niemals auf!

Zuppa di ceci

Kichererbsensuppe

Für 6 Personen

1 Zwiebeln klein schneiden, Knoblauch pressen. In einem großen Topf das Öl heiß werden lassen und beides darin anrösten. Den in Ringe geschnittenen Lauch zufügen, mit ½ l Wasser aufgießen und 1 EL getrockneten Rosmarin untermischen. Die eingeweichten Kichererbsen und die klein geschnittenen Zucchini zufügen, gut umrühren, die Dosentomaten dazugeben und alles ca. 30 bis 40 Minuten köcheln lassen.

2 Die klein geschnittenen frischen Tomaten daruntermischen, kurz weiterkochen, danach ca. die ½ Menge pürieren und mit der restlichen Suppe vermischen. Salzen und pfeffern.

3 In Suppenschüsseln anrichten und mit geriebenem Parmesan bestreuen.

4 Ein paar Tropfen Olivenöl in die Mitte träufeln und mit frischen Basilikumblättern garnieren.

ZUTATEN

½ kg getrocknete Kichererbsen
(24 Stunden in Wasser einlegen. Wasser vor Verwendung abgießen)
3 Dosen geschälte Tomaten
2 Zucchini
1 Stange Lauch
4 mittelgroße rote Zwiebeln
8 Knoblauchzehen
2 frische Tomaten
6 bis 7 EL geriebener Parmesan
2 EL Olivenöl
Pfeffer, Meersalz
Rosmarin, getrocknet
frisches Basilikum

TIPP

Bestreuen Sie die Suppe noch mit gerösteten Schwarzbrotwürfeln.

Wiener Gemischter Satz Reserve
Ried Obere Schos 2008, Weingut Rotes Haus – Österreich

ZUPPA DI CECI

per 6 persone:

2 cipolle
6 spicchi d'aglio
3 bicchieri d'acqua
500 g di ceci secchi
2 pomodori maturi
2 zucchine
2 porri
3 barattoli di pomodori pelati
acqua
sale
pepe
parmigiano reggiano

Mettere i ceci a bagno in acqua fredda per 24 ore. Pulire e tagliare le verdure.
In una pentola far abbrustolire con olio d'oliva le cipolle, il porro e l'aglio; cuocere per 10 minuti circa.
Aggiungere le zucchine, i pomodori maturi e i pomodori pelati. Una volta che la consistenza è buona aggiungere i ceci. Sale e pepe!
Far cuocere a fuoco medio per circa 50 min.
Una volta che i ceci sono cotti processare metà della zuppa fino ad ottenere la densità desiderata.
Servire caldo con un filo d'olio crudo col una spolverata di parmigiano reggiano!

La ricetta funziona quasi sempre....

enjoy!! Luca Pisaroni

Wien – Mit seiner Frau und den beiden Vierbeinern Lenny und Tristan düst Luca Pisaroni rund um den Globus – für ein Ständchen mit den Hunden ist da immer Zeit.

Matthias Rexroth

Countertenor, Deutschland

Der Nürnberger Matthias Rexroth ist passionierter Gärtner. Überall, wo er sesshaft wurde, gestaltete er einen Garten, pflanzte Kräuter, Gemüse und Blumen. Schon als Schüler war er von Grünpflanzen begeistert und verwandelte sein Kinderzimmer in einen Dschungel. „Ich habe verschiedenste Sorten von Grapefruits, Avocados und sogar Bananen gezogen und irgendwann hat sich aufgrund der stets hohen Luftfeuchtigkeit in meinem Zimmer die Tapete gelöst", lacht der Countertenor.

Er liebt die Küchen Thailands, Japans und Italiens und kombiniert aus diesen Einflüssen nicht alltägliche Menüs, mit denen er seine Freunde immer wieder überrascht. Kocht er für sich selbst, bevorzugt er Salate und Gerichte, die sich schnell und ohne großen Aufwand zubereiten lassen. Kalorienzählen ist für Rexroth aber kein Thema. „Das geht meist auf Kosten des Geschmacks und da will ich wirklich keine Abstriche machen", betont der Sänger seine Einstellung.

Was ich auf keinen Fall esse:
Fettiges, schlabbriges und durchwachsenes Zeug.
Heißhunger:
Marillenschnitte mit Pudding, Parmaschinken, frische Heringe mit Zwiebel.
Das findet man immer in meinem Kühlschrank:
Sechs Packungen jiddische Hühnersuppe sind immer im Tiefkühler. Sauerrahm, Butter, Pilze, Ingwer, Schaf- und Ziegenkäse, alter Gouda und natürlich Parmigiano. Rosmarin, Thymian und Salbei habe ich winters im Kühlschrank, sommers im Garten. Eier, Champagner, Weißwein, Wasser, polnischer Wodka und im Gefrierfach einen Averna zur Verdauung.
Wen ich gern zum Essen lade:
Den ehemaligen deutschen Bundeskanzler Helmut Schmidt, ein hochintelligenter Kopf und Gentleman der alten Schule, den ich bewundere.
Mein Motto:
Vorsprung durch Technik.

Jiddische Hühnersuppe

Für 4 Personen

ZUTATEN

1 mittelgroßes Junghuhn (kein Suppenhuhn)
1 Putenkeule oder -flügel
2 große weiße Zwiebeln, 2 große rote Zwiebeln
1 Knoblauchknolle
2 Stangen Lauch, ½ Stange Sellerie
4 Karotten, ½ Sellerieknolle
1 Pastinake
1 Petersilienwurzel, 1 Bund Petersilie
1 Topinambur, 2 Zucchini
2 Lorbeerblätter
je 150 g Champignons und frische Shitakepilze
eine Handvoll getrockneter Steinpilze
Salz, Pfeffer, Safran
4 Stück Ingwerwurzel
Olivenöl

1 Das Huhn und die Putenteile putzen, in Stücke schneiden und Flachsen entfernen. Zwiebeln und Knoblauch mit der Schale halbieren und mit dem Huhn und der Putenkeule in einem sehr großen Topf in Olivenöl gut anbraten.

2 Mit Wasser aufgießen und alle klein geschnittenen Zutaten nach Geschmack hinzufügen. Ca. 1 Stunde kochen lassen und dabei immer wieder den sich bildenden Schaum abschöpfen. Gelegentlich umrühren und verdampftes Wasser nachfüllen. Noch ca. 2 Stunden leicht köcheln lassen.

Eine hervorragende Suppe bei Erkältungen, nicht nur für Sänger.

TIPP
Dazu passen mit Knoblauchbutter bestrichene und getoastete dünne Schwarzbrotscheiben.

Sauvignon Blanc Steinriegel 2009,
Weingut Wohlmuth – Österreich

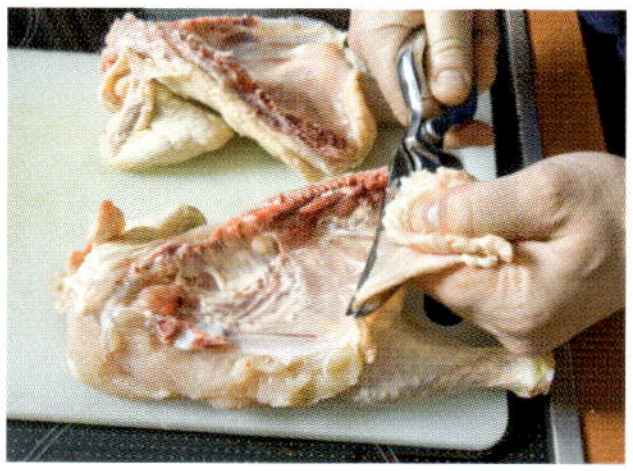

Jiddische Hühnersuppe

Zutaten: Fleisch: 1 mittelgroßes Junghuhn (kein Suppenhuhn!)
(für 4 Pers.) 1 Putenkeule, oder -flügel

Gemüse: 4 große Zwiebeln (2x rot, 2x weiß)
1 ganze Knoblauchzwiebel (≈ 10 Zehen)
2 Lauchstangen, ½ Stangensellerie
4 Karotten, ½ Sellerieknolle
1 Pastinake, 1 Petersilienwurzel
1 Topinambur, 2 Zucchini
je 150 gr. Champignons und frische Shitakepilze
1 Handvoll getrockneter Steinpilze
1 Bund Petersilie, 2 Lorbeerblätter

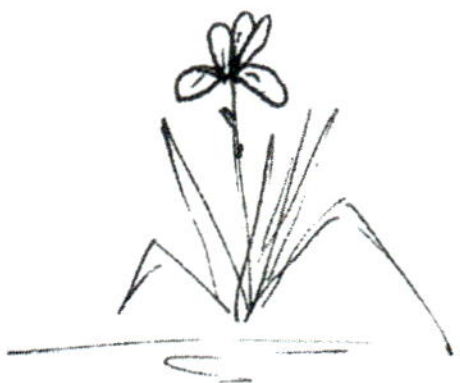

Gewürze: Salz, schw. Pfeffer, Safran, 4 Stücke Ingwerwurzel
Olivenöl

Das Huhn (in 2 Hälften geschnitten) u. die Pute putzen, d.h. grobes Fett (Bürzel etc.) entfernen, waschen und trocknen. Zwiebeln und Knoblauchzehen (mit Schale) halbieren bzw. mit dem Messerrücken zerdrücken und mit dem Fleisch in einen großen Suppentopf geben, anbraten in Olivenöl, bis die Zwiebeln glasig sind und das Fleisch angebräunt ist.
Mit Wasser aufgießen, die Gemüse halbieren und Pilze und Gewürze hinzugeben. 1 Std. stark kochen lassen, immer wieder umrühren, verdampftes Wasser nachfüllen und noch ~ 2 Std. auf kleiner Flamme köcheln lassen.
Ein wunderbares Mittel gegen Erkältung, nicht nur für Sänger!
Wohl bekomms,

Matthias Rexroth

Wien – Wann immer der Hals von Matthias Rexroth kratzt, greift er zu seinem Zaubertrank, der Jiddischen Hühnersuppe, die in Säckchen abgepackt im Kühlschrank ihres Einsatzes harrt.

Kurt Rydl

Bass, Österreich

Mitte der 70er Jahre führten mich meine ersten Gastspiele nach Barcelona, Venedig und Stuttgart. In dieser Zeit versuchte ich mich an einfachen Nudelgerichten", blickt Kurt Rydl auf seine ersten Kochversuche zurück. „Ich habe aus der Not eine Tugend gemacht und selbst zu kochen begonnen, weil es langweilig und frustrierend ist, in fremden Städten allein im Restaurant zu sitzen." Ehrgeizig machte er sich bei seinen Lokalbesuchen Notizen und war in den Opernkantinen bald als Häferlgucker bekannt.

Es dauerte nicht lange und der humorvolle Bass war zum begeisterten Hobbykoch mutiert. Bei Gastspielen kochte er in gemieteten Appartements für seine Kollegen groß auf. Seine Stärken liegen in der Hausmannskost. „Mit einem guten faschierten Braten, Bohnschorlsuppe, Rindsrouladen und Backhenderl habe ich schon viele eingekocht", erzählt der Sänger verschmitzt.

Was ich auf keinen Fall esse:
Erdnussbutter.
Heißhunger:
Eine warme Leberkässemmel, oder ich mache mir schnell ein amerikanisches Thunfisch-Sandwich mit Zwiebel und Relish (kleine Gurkerln).
Das findet man immer in meinem Kühlschrank:
Feinen Hartkäse, schönes Geselchtes, gutes Brot und Bier.
Wen ich gern zum Essen lade:
Albert Schweitzer. Für mich ist er aus humanitären Gründen der Universalmensch schlechthin. Karrieretypen gibt es immer mehr, Menschen jedoch immer seltener.
Mein Motto:
Leben und leben lassen!

Steirische Bohnschorlsuppe

Für 6 Personen

1 Öl in einem großen Topf erhitzen und die klein geschnittenen Zwiebeln darin glasig dünsten. Mit dem Wasser aufgießen und die Suppenwürfel zugeben.

2 Die Tomaten und Fisolen hineingeben und aufkochen lassen. Die in Scheiben geschnittene Wurst untermischen und die Suppe ca. ½ Stunde köcheln lassen.

3 Die Suppe mit der geriebenen Kartoffel binden und mit den Gewürzen nach Geschmack abschmecken.
Auf Tellern anrichten und mit einem Klecks Sauerrahm oder Crème fraîche dekorieren.

ZUTATEN

2 große Zwiebeln
2 Suppenwürfel
2 EL Öl
2 Dosen je 250 g ganze, geschälte Tomaten
1 Packerl (ca. 250 g) passierte Tomaten
Ketchup nach Geschmack
300 g Dürre (Wurst)
½ kg Fisolen in 3 cm große Stücke geschnitten
1 rohe Kartoffel, gerieben
ca. 1 l Wasser, Salz, Pfeffer, Zucker, Majoran
ein wenig Crème fraîche oder Sauerrahm

TIPP

Einige Tropfen Kernöl ergeben ein spezielles Aroma.

Wiener Gemischter Satz 2009, Weinbau Zahel – Österreich

Steirische Bohnscharlsuppe

Zutaten:

2 große Zwiebel
2 Suppenwürfel
2 Dosen je 250 g geschälte Paradeiser
1/2 kg Fisolen (Bohnscharl)
30 dkg Dürre (Wurst)
1 Erdapfel
25 dkg passierte Paradeisen

sowie: Ketchup, Salz, Pfeffer, Zucker, Mayoran, etwas Sauerrahm bzw. Creme fraiche

Die Zwiebel glasig anrösten, mit 1 Liter Wasser und den Suppenwürfel bzw. vorhandenen Rindssuppe ablöschen, die Paradeiser und Fisolen zugeben und aufkochen lassen, danach die Wurst zugeben und 1/2 St. köcheln lassen. Die Suppe mit geriebenem Erdapfel binden und mit den Gewürzen abschmecken und mit Rahm oder Creme fraiche verfeinern.

An Guaten Kurt Rydl

Wien – Eingekocht hat Kurt Rydl schon viele – nicht nur mit seiner Stimme, sondern auch mit seinen Kochkünsten.

Bryn Terfel

Bassbariton, Wales

Ich bin auf einer Farm in Wales aufgewachsen. Meine Eltern hatten als Bauern stets alle Hände voll zu tun und wenig Zeit fürs Kochen. Schon als kleiner Bub habe ich daher gelernt, mich selbst zu versorgen", erzählt der Nordwaliser. Ehrgeiz ist dem Künstler auch am Herd nicht fremd. Und so bereitete er schon früh einfache Speisen zu: Rührei mit Bohnen und Toast und Sandwich-Variationen. Später leitete seine Großmutter den damals Zehnjährigen bei der Zubereitung verschiedener Suppen und Fleischgerichte mit Kartoffeln an.

Heute schätzt er gute Restaurants. Verweilt er aber für ein Engagement länger in einer Stadt, stellt er sich selbst an den Herd. Als Inspiration dienen ihm dabei Kochbücher, die er von seinen Reisen mitbringt. Zuhause teilt sich Terfel den Küchendienst mit seiner Frau. Nur am Tag des Herrn wird am Speiseplan nicht gerüttelt: „Es geht doch nichts über ein Roastbeef am Sonntag", freut sich der Connaisseur.

Was ich auf keinen Fall esse:
Leber.
Heißhunger:
Früchte und – wie in Großbritannien üblich – Biscuits und English Breakfast Tea.
Das findet man immer in meinem Kühlschrank:
Wasser, Milch, Käse, vor allem Gouda, Weißwein, Schinken. Ein Muss sind Tomaten, die ich zu allem essen, sogar mit Vanillesauce.
Wen ich gern zum Essen lade:
Richard Wagner, weil ich gerade seinen „Hans Sachs" lerne und tausende Fragen zum Stück habe.
Mein Motto:
Respekt.

Cawl Cennin

Kartoffel-Lauch-Suppe

Für 4–6 Personen

1 Den Lauch in Ringe schneiden, Zwiebel hacken und Kartoffeln in Würfel schneiden.

2 Alles in der Butter anschwitzen. Mit der Suppe aufgießen. Milch dazugeben und leicht köcheln lassen, bis die Kartoffeln weich sind.

3 Die Suppe mit dem Mixstab fein pürieren und mit der gehackten Petersilie bestreuen. Auf Tellern anrichten und mit einem Klecks Sahne garnieren.

ZUTATEN
1 Zwiebel
2 große Kartoffeln
4 Stangen Lauch
300 ml Milch
etwas Sahne
1 l Hühnersuppe (selbst gekocht oder Brühwürfel)
1 Bund Petersilie
Salz, Pfeffer
125 g Butter

TIPP
Als Einlage kann man geröstete Eierschwammerln, Steinpilze und ein paar Tropfen Kernöl verwenden.

The Judge 2007, Kongsgaard – USA

Cawl Cennin

4 cennin	1½ peint stoc cyw iâr
2 tatws	10 owns llefrith llawn
1 nionyn	2 owns o fenyn

pupur, halen, persli, hufen.

?

Mewn sospan enfawr toddwch yn araf deg y menyn. Adiwch y nionyn (sydd wedi'i dorri yn fân) a'i ffrio yn ysgafn tan yn feddal. Yna rhowch y cennin â'r tatws (tatws sgwaria bychain, cennin cylchoedd bach!) i mewn i'r sospan a chymysgu gyda'r nionyn. Ar dymheredd isel, chwysu'r llysiau am rhyw chwarter awr ac ychwanegwch halen a phupur. Adiwch y stoc cyw iâr a'i godi i'r berw. Ychwanegwch y llefrith. Gwrês isel am oddeutu ugain munud. Yna gyda pheiriant llaw sy'n malu! Chwyrliwch y cawl tan yn llyfn.

Dodwch mewn powlen
Llwyad o hufen
Persli i addurno.
MWYNHEWCH GYDA GWÊN

Bryn Terfel.

Salzburg – Gelernt ist gelernt. Auch mit dem Kochlöffel in der Hand steht Bryn Terfel in der ersten Reihe.

Fabio Armiliato

Tenor, Italien

Ich kann uns eine Pasta mit etwas Olivenöl und reichlich Parmigiano-Reggiano zubereiten", schlägt der Genueser Tenor vor. Ein Leben ohne Pasta ist für ihn unvorstellbar, schließlich „kann man Nudeln mit einfach allem kombinieren".

Gibt er gemeinsam mit seiner Frau, der Sopranistin Daniela Dessi, Gastspiele, genießt er nicht nur die gemeinsamen Auftritte mit seiner Liebsten, sondern auch, dass sie ihn unterwegs mit Speisen aus der Heimat verwöhnt. In der Küche lässt er gerne seiner Frau den Vortritt. „Nicht, weil ich nicht kochen möchte, sondern weil meine Frau einfach eine Meisterin am Herd ist."

„Zu kochen habe ich erst auf Reisen begonnen. Den Ratschlägen und Rezepten meiner Mutter sei Dank klappt das auch ganz gut", erzählt der Tenor.

Was ich auf keinen Fall esse:
Suppen, vor allem Gemüsesuppen. Aber wenn ich sie mit meinem Pesto im „Genueser Stil" verfeinere, dann löffle sogar ich Suppen.
Heißhunger:
Pasta! Ohne Pasta könnte ich nicht leben, ganz gleich ob mit Gemüse, Fleisch, Meeresfrüchten oder Käse.
Das findet man immer in meinem Kühlschrank:
Parmigiano-Reggiano und Prosciutto crudo.
Wen ich gern zum Essen lade:
Meine Familie und meine geliebten Freunde.
Mein Motto:
Vivi e lascia vivere! – Leben und leben lassen!

Trenette al pesto

Bandnudeln mit Basilikumpesto

Für 4 Personen

1 Basilikum mit Knoblauch und Pinienkernen in einem Mixer zerkleinern. Salzen und mit Olivenöl und dem Parmesan zu einer Sauce glatt rühren. Die Kartoffeln und grünen Bohnen kochen, in Stücke schneiden und dazugeben. Alles gut vermischen.

2 Die Trenette in Salzwasser bissfest kochen. Auf Tellern anrichten und die Sauce darüber verteilen.

ZUTATEN

2 Bund Basilikum
1 Zehe Knoblauch
150 g Pinienkerne
100 g Parmesan, gerieben
200 ml Olivenöl
350 g Trenette (Linguine)
1 bis 2 Kartoffeln
100 g grüne Bohnen
Salz

TIPP

Klein geschnittene getrocknete Tomaten oder frische Kirschtomaten unter die Sauce mischen.

IL BLU 2001, Brancaia – Italien

– Trenette al pesto –

Ingredienti: PESTO

2 mazzi di basilico
1 spicchio di aglio
150g. di pinoli
100g. di parmigiano grattugiato
Olio extra vergine e sale

PASTA

350g. di Trenette (Linguine)
3/4 patate tagliate a cubetti
100 g. di fagiolini verdi
Sale

x x x x x

Preparate il pesto mettendo in un frullatore le foglie di basilico, l'aglio e i pinoli. Quando sono tritati finemente, aggiungere l'olio poco alla volta, come un sottile filo, fin quando si forma un amalgama compatto. Aggiungere il formaggio e il pizzico di sale. Mescolare il tutto insieme fino a formare un composto cremoso. A piacere si può aggiungere anche un poco di panna acida.

Far bollire una pentola d'acqua. Quando bolle, mettere il sale e quando bolle nuovamente aggiungere i fagiolini verdi e le patate. Cuocere per 5-7 min. fin quando le patate possono essere facilmente inforcate e aggiungere le trenette. Quando sono cotte "al dente", scolare e mescolare il tutto in una pirofila. Spolverare con parmigiano e....

Buon appetito da
Fabio Armiliato

Mailand – Ein Leben ohne die geliebte Pasta bedeutet für Fabio Armiliato nur den halben Genuss.

Marcello Giordani

Tenor, Italien

Wie viele Italiener wurde auch der Sizilianer Giordani im Hotel „La mamma“ verwöhnt. „Aber meine Mutter hat mich auch immer wieder ermahnt, doch endlich kochen zu lernen. Sie wusste, dass mich meine Gesangskarriere ins Ausland führen würde. Dort sollte ich mir etwas zu essen machen können“, ergänzt der Tenor.

Das Küchen-Einmaleins bereitete ihm in der Ferne tatsächlich bald Kopfzerbrechen. Glücklicherweise lernte er nicht viel später bei einem Gastspiel in Luzern seine künftige Frau kennen und ihre Schweizer Küche zu schätzen.

Heute ist sie es, die die Familie kulinarisch verwöhnt. Reist er aber allein, stellt er sich an den Herd und improvisiert. „Ich liebe es zu kochen, weil ich anschließend alles wieder aufessen kann“, freut sich der Tenor.

Was ich auf keinen Fall esse:
Ich esse alles, da kenne ich keine Gnade!
Heißhunger:
Ich esse alles, was ich im Kühlschrank finde und sich mir in den Weg stellt!
Das findet man immer in meinem Kühlschrank:
Wasser, Früchte, Coke light, Milch, Butter, Eier, Wurst – eben alles, was man zum Überleben braucht.
Wen ich gern zum Essen lade:
Mein idealer Gast wäre Hector Berlioz, weil ich ihn gerne fragen würde, warum seine wunderbaren Kompositionen so schwer zu singen sind.
Mein Motto:
Panta rei – alles geht vorüber, alles fließt.

Parmigiana con melanzani

Melanzani-Lasagne

Für 6 Personen

ZUTATEN
6 mittelgroße Melanzani
200 g gekochter Schinken
400 g Mozzarella
750 ml Tomaten aus der Dose
2 Knoblauchzehen
6 hart gekochte Eier
20 g geriebener Parmesan
3 rohe Eier verrührt
schwarzer Pfeffer, Basilikum, Olivenöl
1 bis 2 TL Salz, Wasser

1. Die Melanzani in Scheiben schneiden und ca. 2 Stunden mit Salzwasser bedeckt ziehen lassen. Abtropfen und mit Küchenpapier trocken tupfen. In einer großen Pfanne das Öl erhitzen und die Melanzanischeiben von beiden Seiten frittieren.
2. Die harten Eier in Scheiben schneiden. Den Schinken und den Mozzarella in kleine Würfel schneiden.
3. Dosentomaten in einem kleinen Topf aufkochen. Die ganzen Knoblauchzehen zufügen, salzen und pfeffern. Klein gehacktes Basilikum untermischen und alles ca. 20 Minuten köcheln lassen.
4. Die Melanzanischeiben in eine ofenfeste, flache und geölte Form legen. Schichtweise alle Zutaten darauf verteilen, die rohen Eier darübergießen und mit Parmesan bestreuen. Bei 250 Grad ca. 20 Minuten im Backrohr backen.

TIPP
Der Schinken kann auch durch faschiertes Fleisch oder Fischstücke ersetzt werden.

Fontalloro 2006, Fattoria Fèlsina – Italien

Parmigiana Siciliana:

Ingredienti per 6 persone:

6 melanzane di taglia media –
500 gr. di passata di melanzane.
250 gr. prosciutto cotto.
400 gr. mozzarella fresca
5 uova – cottura 10 minuti
2 spicchi d'aglio + 1 mazzetto di basilico
Parmigiano grattugiato
3 uova sbattute
Pepe, sale, olio di girasole e olio d'oliva siciliano.

Come cucinare:

Pelare le melanzane e lasciarle per 2-3 min. in acqua salata. Coprirle con una pentola. Spremerle ben bene e asciugarle con carta da cucina.
Riscaldare in una pentola olio di girasole e aggiungere le melanzane con un po' di sale.
Preparare la passata di pomodoro in un pentolino e cucinarla per 20 minuti. Aggiungere 2 spicchi d'aglio e olio d'oliva e due foglie di basilico.
Tagliare in cubetti prosciutto, mozzarella e uova bollite.
In una casseruola aggiungere uno strato di pomodoro e uno strato di melanzane. Aggiungere prosciutto, mozzarella e uova e ricoprirle con un altro strato di melanzane e pomodoro. Aggiungere parmigiano grattugiato e le uova sbattute. Mettere nel forno a 250 gr. x 20 minuti.
E poi... BUON APPETITO!

Marcello Giordani

New York – Gott sei Dank gibt es beim Kochen auch ein erfreuliches Ende – das Essen, stellt Marcello Giordani immer wieder erleichtert fest.

Jonas Kaufmann

Tenor, Deutschland

Der Beau der Opernwelt ist nicht nur ein begnadeter Sänger, sondern auch ein ausgezeichneter Koch. Der dreifache Familienvater steht täglich am Herd. Sein Repertoire reicht von Suppen über handgemachte Nudeln mit feinsten Saucen, Fleisch- und Fischgerichte bis zu Dessertkreationen.

Schon als Sechsjähriger durfte Kaufmann seiner Mutter beim Kochen zur Hand gehen. „Sie schaffte mir dauernd etwas an und brachte mir so eine Menge bei. Das ging allerdings nicht immer konfliktfrei über die Bühne“, erzählt der Genussmensch.

Dem Münchner geht Qualität über alles, auch bei seiner Leidenschaft für Kaffee. Selbst auf seine Reisen müssen seine Espressomaschine, zwei Tassen, Kaffee von Illy und ein Michschäumer mit ins Gepäck. „Schließlich möchte ich auch in meiner Garderobe einen frisch gebrühten Espresso trinken“, lächelt der smarte Deutsche.

Was ich auf keinen Fall esse:
Haselnüsse, weil ich dagegen allergisch bin.
Heißhunger:
In Wien liebe ich Salzstangerln vom Hotel Sacher, dafür könnte ich sterben, ansonsten Wurst- oder Käsesemmerl.
Das findet man immer in meinem Kühlschrank:
Tomaten, Kohlrabi, Milch, Eier, Butter, Nudeln, Salat, Öl und natürlich frische Kräuter, Joghurt, viel Obst. Morgens esse ich fast ausschließlich Obst.
Wen ich gern zum Essen lade:
Homer, der kann so schön Geschichten erzählen …
Mein Motto:
γνωθι σαυτόν – erkenne dich selbst!

Hausgemachte Bandnudeln mit Kürbis

ZUTATEN NUDELN
3 Eier
375 g Mehl
Olivenöl
Wasser, Salz

ZUTATEN SAUCE
500 bis 600 g Speisekürbis
300 g Mascarpone
250 g Parmesan, gerieben
je 1 Bund frischer Rosmarin und Salbei
3 EL Olivenöl, Butter

Für 4 Personen

1 Mehl auf ein Brett geben, ein wenig salzen, eine Mulde bilden und die Eier hineingleiten lassen. Zu einem homogenen Teig verkneten. Nach Bedarf ein wenig Wasser oder Öl zufügen, bis der Teig nicht mehr klebt. Teig zudecken und ein wenig ruhen lassen.

2 Auf einer bemehlten Unterlage den Teig sehr dünn ausrollen. Gleichmäßig mit Mehl bestäubt einrollen. Sehr dünne Schnecken schneiden und ausschütteln. In Salzwasser bissfest kochen.

3 Kürbis schälen und in Scheiben schneiden. Öl und Butter in einer Pfanne erhitzen und die Kürbisscheiben mit je einem Blatt Salbei von beiden Seiten gut anbraten, salzen. Wenn der Kürbis zerfällt, das Salbeiblatt entfernen. Mascarpone, Parmesan und etwas Wasser in einer Schüssel vermischen. Die übrigen gehackten Kräuter und den Kürbis untermischen.

4 Die Nudeln auf Tellern anrichten und die Sauce darüber verteilen.

TIPP
Das Gericht kann noch mit gerösteten Kürbiskernen und einigen Tropfen Kürbiskernöl verfeinert werden.

Sauvignon Blanc Zieregg 2008, Weingut Tement – Österreich

Hausgemachte Bandnudeln mit Kürbis

Für die Nudeln

3 Eier
ca. 375 g Nudelmehl
(meist "00" oder Doppelgriffig genannt)
evtl. ein Schuss Olivenöl
oder auch Wasser

Für die Sauce

500–600 g Speisekürbis
ca. 300 g Mascarpone
ca. 250 g geriebenen Parmesan
je 1 Bund frischer Rosmarin + Salbei
Butter, Olivenöl

Die Nudeln …
Mehl auf ein großes Brett häufen (eine saubere Küchenplatte tut es auch) und mit einer Prise Salz bestreuen. Eine Mulde formen und die Eier hineingeben. Langsam von innen nach außen mit dem Mehl vermengen, bis sich der Teig vom Brett löst und praktisch nicht mehr klebt. Dazu je nach Eigröße Mehl bzw. etwas Wasser oder Öl zugeben. Mehrmals kräftig aufschlagen und ruhen lassen. Auf bemehlter Unterlage ausrollen (möglichst dünn), von oben mit Mehl bestäuben und halb zusammenschlagen. Dann einrollen und in schmale "Schnecken" schneiden. Diese zu Nudeln ausschütteln. In Salzwasser "al dente" kochen und sofort servieren.

Die Sauce:
Kürbis je nach Sorte schälen, entkernen und in Scheiben schneiden. Zusammen mit ein paar Blatt Salbei in halb Butter, halb Öl braten und salzen. Sobald der Kürbis zerfällt, Salbeiblätter entfernen (Bei Anbrenn-Gefahr Deckel verwenden!)
In einer Schüssel Mascarpone und Parmesan mit etwas Nudelwasser verrühren und gehackten Rosmarin sowie die restlichen gehackten Salbeiblätter unterheben. Kürbis und heiße Nudeln untermengen und sofort servieren! Dazu ein Glas trockener Weißwein …

Wohl bekomm's und guten Appetit!!!
wünscht

München – Qualität geht dem Hobbykoch Jonas Kaufmann über alles. Sind die Zutaten gut, wird auch das Gericht außerordentlich.

Salvatore Licitra

Tenor, Italien

Eine Pasta zu kochen ist einfach", meint der in Bern geborene italienische Tenor. „Bei den Zutaten kann man verwenden, worauf man Lust hat und was eben gerade zuhause ist. Das Kochen dauert keine Ewigkeit und das Ergebnis kann sich immer sehen lassen."

Salvatore Licitra ist – wie könnte es anders sein – als Italiener ein Liebhaber der „cucina italiana" und hat es darin auch zu einer gewissen Könnerschaft gebracht. Das schätzen auch seine Kollegen, die er immer wieder zu gemeinsamen Kochsessions in sein Appartement lädt.

Kochkurse hat der Norditaliener keine besucht. Schließlich hat er seine „mamma", die ihm auch zu nachtschlafender Zeit Kochtipps am Telefon gibt, selbst wenn sich ihr Sohn gerade wieder auf der anderen Seite des Erdballs befindet.
Um seine Mutter aber nicht zu oft um den Schlaf zu bringen, surft er auf der Suche nach kulinarischen Kniffen oder neuen Rezepten auch im Internet.

Was ich auf keinen Fall esse:
Butter, Marmelade, Süßigkeiten, und auch um Pasteten versuche ich einen Bogen zu machen.
Heißhunger:
Wenn ich mich überhaupt nicht beherrschen kann, greife ich zu Prosciutto oder frischen Früchten.
Das findet man immer in meinem Kühlschrank:
Tomaten, Prosciutto, Schinken, Äpfel, Magermilch, stilles und prickelndes Wasser, aber sicher keinen Kuchen!
Wen ich gern zum Essen lade:
Den Präsidenten, um ihm zu sagen, wie wichtig es wäre, ausschließlich Leute mit profundem Wissen in wichtige Positionen zu hieven.
Mein Motto:
Leben und leben lassen.

Tagliatelle alla boscaiola

Tagliatelle mit Schinken und Pilzen

Für 6 Personen

ZUTATEN
1 mittelgroße Zwiebel
250 g Steinpilze
200 g gekochter Schinken
70 g Pancetta (Bauchspeck), geräuchert
200 ml Sahne
700 g passierte Tomaten (aus der Dose)
2 EL Olivenöl
1 kg Tagliatelle
Parmesan, gerieben
Petersilie

1 Zwiebel, Schinken und Pancetta kleinwürfelig schneiden. Die Steinpilze putzen und in Scheiben schneiden.

2 In einer Pfanne das Olivenöl erhitzen und die Zwiebel darin glasig andünsten. Nach und nach den Schinken und die Pancetta zufügen und anbraten.

3 Pilze, Tomatenmark und Sahne zugeben, leicht köcheln lassen.

4 Die Tagliatelle in reichlich Salzwasser bissfest garen. Die Sauce auf die gewünschte Konsistenz einkochen und über die Nudeln geben.

5 Nach Belieben mit geriebenem Parmesan und gehackter Petersilie bestreuen.

TIPP
Auch Eierschwammerln oder Champignons eignen sich ausgezeichnet für dieses Gericht.

Teran Re 2006, Roxanich – Kroatien

Monza – Das Appartement von Salvatore Licitra steht seinen Gesangskollegen für gemeinsame Kochsessions immer offen.

"Tagliatelle alla Boscaiola"

Dosi per 6 persone:

100 GR. FUNGHI PORCINI
1 CIPOLLA
200 GR. PROSCIUTTO COTTO
70 GR. PANCETTA AFFUMICATA
700 GR. PASSATA DI POMODORO
200 ML. PANNA DA CUCINA
PARMIGIANO GRATTUGGIATO

Rosolare la cipolla in un tegame. Aggiungere la pancetta ed il prosciutto cotto. Unire i funghi dopo 4 minuti.
Versare la passata di pomodoro, e lasciare restringere il sugo.
Aggiungere la panna e fare riposare.
In una pentola capiente, mettere in ebollizione abbondante acqua salata.
Cuocere le tagliatelle al dente.
Unire al sugo e saltare in padella.
Servire con abbondante sformaggiata.

Buon appetito

Salvatore Licitra

Ramón Vargas

Tenor, Mexiko

Der in Mexico City geborene Sänger kocht nicht viel und wenn, vor allem Nudelgerichte, am liebsten Pasta alla bolognese. Hin und wieder darf es aber auch gegrillter Fisch sein. „Kochen ist eine notwendige Tugend, denn nicht immer möchte ich in Restaurants essen. Außerdem weiß man dort nie genau, woher die verwendeten Zutaten stammen", resümiert der Tenor.

Einen Kochkurs zu absolvieren käme ihm nie in den Sinn. Hin und wieder probiert er aber doch neue Gerichte aus, vor allem, wenn ihm ein Rezept in einem Magazin ins Auge sticht. Das wird herausgerissen und nachgekocht. „Manchmal geht es gut, aber nicht oft", lacht der Mexikaner. Zuhause klappt es hingegen immer. Kein Wunder, da verwöhnt ihn seine Herzallerliebste.

Was ich auf keinen Fall esse:
Blutwurst, ein absolutes „no go"!
Heißhunger:
Ein Joghurt tut mir immer gut.
Das findet man immer in meinem Kühlschrank:
Joghurt, Alpenkäse, Gouda und natürlich Parmigiano, frisches Brot, Schinken, Obst, Zucchini, Zwiebeln, Salat und eine Avocado.
Wen ich gern zum Essen lade:
Es wäre sensationell, mit Leonardo da Vinci zu essen. Da könnte ich seine Genialität ergründen.
Mein Motto:
Freude am Leben!

Colonne di Pompei

Pasta mit Meeresfrüchten

Für 4 Personen

1 Die Garnelen teilen, den Branzino in Streifen schneiden. Grünen Spargel in Stücke schneiden.

2 Olivenöl in einer Pfanne erhitzen und darin die Garnelen gemeinsam mit den Spargelstücken anbraten. Die Kirschtomaten halbieren und dazugeben. Gut vermischen und mit ein wenig Suppe aufgießen. Mit Weißwein ablöschen und die Fischstreifen einlegen. Köcheln lassen, vorsichtig umrühren und je nach Geschmack mit Suppe und Weißwein verlängern.

3 Die Pasta in Salzwasser al dente kochen und unter die Sauce heben.

ZUTATEN

400 g Pasta „Colonne di Pompei“
240 g Branzino (Wolfsbarschfilet)
120 g grüner Spargel
8 Garnelen
160 g Kirschtomaten
100 ml Olivenöl
0,2 ml Weißwein
ein wenig klare Suppe

TIPP

Die Sauce vor dem Anrichten noch mit frischem Basilikum und Estragon verfeinern.

Château d'Yquem 2001 – Frankreich

Colonne di Pompei

Ingredientes:

400	gr.	de pasta (Columnas de Pompeya)
240	gr.	de lubina (branzino)
120	gr.	de espárragos verdes
8		langostinos medianos
160	gr.	de tomates cherry.
100	ml	de aceite de oliva virgen
4		dientes de ajo
0,2	ml	de vino blanco seco

Se fríe el ajo con los langostinos, se agrega el vino blanco, los tomates y la lubina.

Se cuece la pasta, al terminar se versa y se amalgama en la sartén por dos minutos.

Al final se ponen los langostinos sobre la pasta. Al gusto se adorna con hojas de perejil.

¡Buen provecho y me invitan!

Ramón Vargas

Wien – Das Kochen ist für Ramón Vargas eine harte Nuss. Doch wenn Gerichte nicht gelingen, gibt es immer noch den Italiener nebenan.

Janina Baechle

Mezzosopran, Deutschland

Alles, was mir beim Einkauf in die Augen fällt oder wohltuend in die Nase steigt, kommt in meinen Korb. Erst danach überlege ich mir, was ich daraus mache", erklärt die Mezzosopranistin. „Ich liebe es, etwas Neues zu erfinden, und wenn ich gerade in einer Phase bin, in der ich gerne koche, dann spiele ich gerne mit Düften und Farben. Farben sind mir sehr wichtig, deswegen verwende ich auch viel Gemüse, weil es so bunt ist. Es passiert mir ständig, dass ich mit dem Zusammenspiel der Farben nicht gleich zufrieden bin, dann nehme ich noch mehr Gelb oder Rot, bis meine Harmonie von Duft und Farbe vollendet ist."

Zur Inspiration schaut die Hamburgerin auch manchmal Kochsendungen, blättert in Kochbüchern, um ihren Kreationen noch eine weitere Facette zu verleihen. Wenn sie auf Reisen länger als vierzehn Tage an einem Ort gastiert, übermannt sie die Lust am Kochen, und das Spiel mit Düften und Farben kann wieder beginnen.

Was ich auf keinen Fall esse:
Kohlsprossen und Spiegeleier.
Heißhunger:
Pellkartoffeln mit Salz und bisschen Parmesan.
Das findet man immer in meinem Kühlschrank:
Parmesan, Tomaten, im Tiefkühlfach Spinat, Pesto und zerstoßenes Basilikum.
Wen ich gern zum Essen lade:
Sir Peter Ustinov, weil er so vielseitig und einfach großartig war.
Mein Motto:
Dies über alles: Sei dir selbst treu, und daraus folgt so wie die Nacht dem Tage, du kannst nicht falsch sein gegen irgendwen. (Polonius in Shakespeares „Hamlet")

Risotto von grünem und weißem Spargel

Für 4 Personen

1 Weißen Spargel schälen, die holzigen Enden entfernen und in gleichmäßige Stücke schneiden. Die Spargelspitzen beiseitelegen, 2 bis 3 grüne Spargelstangen zum Dekorieren im Ganzen bissfest kochen.

2 In einem großen Topf das Öl erhitzen, Risottoreis zufügen, ebenso die geviertelten Tomaten und die Spargelstücke. Mit wenig Suppe aufgießen.

3 Unter ständigem Rühren nach und nach Suppe zufügen, nach ca. 10 Minuten die Spargelköpfe ebenfalls untermengen.

4 Wenn der Reis die richtige Konsistenz hat, mit dem Weißwein aufgießen, die gehackte Petersilie und den Parmesan untermischen. Auf Tellern anrichten und mit den grünen Spargelstangen und etwas Petersilie dekorieren.

ZUTATEN

je ca. 500 g weißer und grüner Spargel
400 g Risottoreis
200 g Kirschtomaten oder sehr kleine Tomaten
30 bis 40 g geriebener Parmesan
600 ml klare Suppe
⅛ l Weißwein
1 EL Olivenöl
ein wenig Petersilie

TIPP
Mit in Olivenöl gebratenen Garnelen anrichten.

Grüner Veltliner 2009 Fass 4,
Weingut Bernhard Ott – Österreich

Wien – Nach Düften und vor allem Farben stellt Janina Baechle ihre Speisen zusammen, schließlich isst auch das Auge mit.

Risotto

von grünem und weißem Spargel

Zutaten für 4 Sänger nach der Vorstellung oder auch 1-2 vornehme Esser mehr....

1 Pfund grüner Spargel
1 Pfund weißer Spargel
400 g Risottoreis
200 g Kirschtomaten oder kleine Rispentomaten
30-40 g geriebener Parmesan
~600 ml Brühe
~1/8 l guter Weißwein - derselbe, den man später trinken will
Petersilie
1 Eßl. Öl

Zubereitung: weißen Spargel schälen, weißen u. grünen Spargel in Stücke schneiden, Spargelköpfe beiseite legen.
Öl erhitzen, Risottoreis dazu
Tomaten vierteln und dazu
Spargelstücke dazu und Teil der Brühe
nach ca. 10 min Spargelspitzen dazu und unter ständigem Rühren Flüssigkeit dazugeben.
Je nachdem wieviel der Spargel abgibt auch weniger!!!
Gegen Schluß den Weißwein zugeben
nach erneutem Rühren gehackte Petersilie + Parmesan
... mit Petersilie dekorieren ... Buon Appetito!!

Janina Baechle

Ferruccio Furlanetto

Bass, Italien

Im New Yorker Restaurant „Alfredo" steckte mir 1982 der Patron einige Rezepte zu, damit ich mir einfache Gerichte selbst zuzubereiten konnte", erzählt Ferruccio Furlanetto, der Gentleman der Opernwelt. Der junge Bass probierte sie alle – wenn auch nicht sonderlich erfolgreich. Seine ersten Kochversuche landeten allesamt in der Mülltonne. „Ich habe es allerdings so lange weiter versucht, bis die Pasta endlich essbar war", schmunzelt der Sänger.

Heute kocht der Weltstar selten und wenn, dann die schwer erkämpfte Pasta, Risotto oder gegrillten Fisch.

Den Tag der Vorstellung begeht der Sänger wie jeden anderen auch, schließlich sei er ja Bass und kein Tenor. Er schläft sich aus, isst zu Mittag nur eine leichte Mahlzeit und gönnt sich erst nach der Vorstellung das ersehnte Bier, wenn er mit Freunden den Abend gemütlich bei Pasta oder Fisch ausklingen lässt.

Was ich auf keinen Fall esse:
Sauerkraut oder Karfiol.

Heißhunger:
Käse, und da fällt mir gleich wieder ein Rezept aus dem Süden Italiens ein: In die lange rote scharfe Paprika wird ein Brei aus Petersilie, Anchovis und Kapern gefüllt – mit Brot schmeckt das himmlisch!

Das findet man immer in meinem Kühlschrank:
Käse, Butter, Bier, im Sommer Weißwein, mein Favorit ist aber Rotwein. Tomaten, Zwiebeln, Knoblauch, Olivenöl und einen Becher Häagen-Dazs-Eiscreme, am liebsten in den Sorten Vanille pikant, Erdbeere, Rumrosine oder Pistazie.

Wen ich gern zum Essen lade:
Eine kleine exklusive Feundesrunde, in der wir uns gutes Essen und Rotwein schmecken lassen.

Mein Motto:
Ich schätze die anderen wie mich selbst.

TOO HOT
TO
HANDEL!

Risotto al Wasabi alla Gigi

Wasabi-Risotto mit Rotbarben

Für 4 Personen

ZUTATEN RISOTTO
320 g Risottoreis
2 kleine Zwiebeln
2 bis 3 EL Olivenöl
2 bis 3 EL geriebenen Parmesan
⅛ l Weißwein
Wasabipulver (Asiashop)
8 kleine Rotbarben-Filets
Petersilie

ZUTATEN SUPPE
1 Karotte, 1 Knolle Sellerie
1 Zwiebel
1/16 l Weißwein
4 bis 5 Pfefferkörner, Salz
Köpfe und Schwänze der Fische

1 Alle Zutaten für die Suppe in ca. einem ½ l Wasser kochen.

2 Die Zwiebeln klein schneiden und in Olivenöl glasig dünsten, mit dem Weißwein ablöschen und etwa 10 Minuten einkochen. Den Reis waschen und zufügen. Glasig dünsten, unter ständigem Rühren die Suppe schöpferweise eingießen. Nach ca. 5 bis 10 Minuten 2 bis 3 EL Parmesan zufügen.

3 Wenn der Reis die richtige Konsistenz hat, die Petersilie und das in Wasser aufgelöste Wasabipulver daruntermischen.

4 Die Fischfilets in Olivenöl wenden und mit der Haut nach unten auf ein gefettetes Backblech legen. Mit Pfeffer bestreuen. Bei 180 Grad im Backrohr ca. 10 Minuten braten.

5 Das Risotto und die Fische auf Tellern anrichten.

TIPP
Für das Risotto kann man jede Sorte kleinen Fisch oder gebratene Garnelen verwenden.

Der Schrammler Grande Reserve 2008,
Weingut Wieninger – Österreich

Risotto al Wasabi alla Gigi

Ingredienti:

320 gr. di riso Arborio o Carnaroli
8 piccole triglie
Scalogno (1-2) - prezzemolo
Olio e Vino bianco
Wasabi in polvere
Parmigiano

Preparare il fumetto di pesce usando le teste e le lische delle triglie, 1 gambo di sedano, 1 cipolla, 1 carota, 1 bicchiere di vino bianco secco, sale e pepe in grani.
Soffriggere lo scalogno, tritato finemente, in 2 cucchiai d'olio senza fare imbiondire. Aggiungere 1 bicchiere di vino bianco e lasciare appassire per 15 minuti. Versare il riso e tostarlo bene, quindi versare il brodo un po' alla volta. A metà cottura insaporire con 2-3 cucchiai di parmigiano. Nel frattempo cuocere i filetti di triglia, unti d'olio con sale e pepe, in forno a 180° per 10 minuti. Sciogliere il wasabi in poca acqua tiepida e versarlo sul riso, con un trito di prezzemolo, a fine cottura. Versare il risotto nel piatto e guarnire con i filetti di triglia.

Ferruccio Furlanetto

Wien – Gut Ding braucht Weile, denn ein Meisterkoch fällt nicht vom Himmel, wusste Ferruccio Furlanetto nach seinen ersten Küchenerfahrungen.

Ambrogio Maestri

Bariton, Italien

Bei Ambrogio Maestri sitzt jeder Handgriff. Der in Pavia geborene Norditaliener greift nach dem Messer, hackt die Zwiebel ruck, zuck in gleich große Stückchen, enthäutet die Salsiccia, würfelt sie, und schon brutzeln die Zutaten im heißen Olivenöl. Mit kurzen kräftigen Schnitten viertelt er Steinpilze und wirft sie in den Topf. Er rührt um, schöpft Suppe über das duftende Gemisch und schüttet mehrere Hand voll Reis dazu. Vorsichtig rührt er den geriebenen Parmesan ein, streut eine Prise Safran darüber und schon ist sein Risotto fertig. Kein Zweifel: Hier steht ein Profi am Herd. „Ich habe schon als kleiner Bub meiner Mutter in unserem Restaurant ‚Osteria del Naviglio' in Pavia beim Kochen zugesehen und mir die Handgriffe und Tricks gemerkt", erzählt der Feinschmecker Maestri.

Der Bariton liebt es zu kochen. Am liebsten verwöhnt er damit seine Frau, die sich beim Kosten von Maestris Risotto im siebenten Himmel wähnt.

Was ich auf keinen Fall esse:
Kohl.
Heißhunger:
Alles was ich finden kann!
Das findet man immer in meinem Kühlschrank:
Salami und Käse.
Wen ich gern zum Essen lade:
All meine Freunde, damit ich sie auch noch mit meinen anderen Leibspeisen bekochen kann.
Mein Motto:
Fin che la barca va, lasciala andare – so lange alles läuft, lass ich es laufen.

Risotto del Re

Risotto mit Wurst, Pilzen und Safran

Für 4 Personen

1 Zwiebel in feine Ringe schneiden und in heißem Olivenöl andünsten. Die Salsiccia häuten und in Stücke geschnitten dazugeben. Gut anbraten.

2 Die getrockneten Steinpilze einige Stunden in lauwarmem Wasser einweichen. Ausdrücken, in Stücke schneiden und mit den Zwiebelringen und der Wurst anbraten. Ein wenig heiße Suppe aufgießen.

3 Langsam den Reis dazugeben und ständig umrühren. Immer wieder Suppe nachgießen. Wenn der Reis die richtige Konsistenz hat, die Safranfäden in 1 EL Suppe auflösen und untermengen. Ein wenig Parmesan einrühren und mit dem restlichen Parmesan bestreuen.

ZUTATEN

300 g Risottoreis
10 g getrocknete Steinpilze
1 rote Zwiebel
2 Salsiccia
2 EL Olivenöl
ca. 1 l Rindsuppe
1 g Safranfäden
100 g geriebener Parmesan

TIPP

Besonders gut eignen sich für das Risotto frische Pilze.

Rosenberg 2007, Weingut Markowitsch – Österreich

Risotto salciccia, funghi
e Zafferano
Risotto del Rè

Rosolare in una casserola olio, cipolla
salciccia e funghi in ordine,
metterci il riso mi raccomando
"CARNAROLI" che tiene bene la cottura
ogni pugno è un piatto!

Metterci il brodo di manzo o vegetale
non ha importanza, mescolare
sempre che non attacchi al fondo,
aggiungere sempre un pò di brodo
così che il risotto resti morbido,
in uno di questi passaggi con il brodo
metterci lo Zafferano, cuocere circa
venti minuti e impiattare!!!

Buon appetito a tutti

Ambrogio Maestri

Wien – Mit dem Kochlöffel in der Hand im familieneigenen Restaurant aufgewachsen, zaubert Ambrogio Maestri Gerichte zum Abheben.

Lado Ataneli

Bariton, Georgien

Übung macht den Meister", lautete die Devise des in Tiflis geborenen Künstlers, als es um seine ersten Gehversuche in der Küche ging. Allein und weit weg von zuhause blieb dem Bariton nichts anderes übrig, als sich selbst an den Herd zu stellen und jene Gerichte nachzukochen, die seine Mutter stets für ihn zubereitet hatte. Mit ihren Kochkünsten konnte er sich allerdings nicht messen. Gut Ding will Weile haben, und nach vielen Experimenten in der Küche gelangen auch ihm schmackhafte Kompositionen.

Heute ist es seine Frau, die ihn mit köstlichen Speisen verwöhnt. Ataneli selbst steht hingegen nur selten in der Küche. „Wenn der Probenstress vorüber ist und mich der Hunger übermannt, greife ich zur Pfanne und hole die Eier aus dem Kühlschrank. Niemandem gelingt Rührei besser als mir", sagt der Sänger selbstbewusst. „Ich nehme mehr Öl, brate die Eier darin golden und wende sie. Dann sind sie perfekt, ganz nach meinem Geschmack!"

Was ich auf keinen Fall esse:
Schnecken, Muscheln, Schlangen, Frösche, Hunde, Affen, und fettige geräucherte Würste.
Heißhunger:
Brot mit Butter, Marmelade und Käse, da beiße ich voller Freude rein. Pflaumen, Kinderschokolade, manchmal Schaf- oder Ziegenkäse.
Das findet man immer in meinem Kühlschrank:
Licht! (lacht) – Parmesan, Butter und Marmelade.
Wen ich gern zum Essen lade:
Die Schauspieler Ava Gardner, Silvester Stallone und Steven Seagal, um sie persönlich kennen zu lernen. Aber natürlich auch Franco Corelli, um mit ihm über den Opernbetrieb und seine Erfahrungen plaudern zu können.
Mein Motto:
Immer vorwärts, aber dabei überlegt vorgehen.

MJG 1986

Chatschapuri und Tschachochbili

Überbackenes Käsebrot und Huhn in Tomatensauce

Für 4 Personen

ZUTATEN CHATSCHAPURI

Fertigblätterteig, gekühlt oder gefroren
2 Eier
2 Mozzarella, je ca. 250 g
250 g Schafskäse

ZUTATEN TSCHACHOCHBILI

8 Hühnerkeulen
2 kleine Zwiebeln
1 Ei
3 Knoblauchzehen
2 bis 3 EL Tomatenmark
Petersilie, gehackt
Pflanzenöl
Wasser, Salz

1 Teig auftauen und aufrollen.

2 Mozzarella und Schafskäse in kleine Stücke schneiden. Ein Ei verquirlen.

3 Käse, Schafskäse und das verquirlte Ei vermischen, die Masse auf dem Blätterteig verteilen.

4 Teigränder wie ein Säckchen einschlagen und flach zusammendrücken. Das zweite Ei verquirlen und den Blätterteig damit bestreichen. Im vorgeheizten Backrohr bei 200 Grad ca. 15 Minuten backen.

5 Zwiebeln und Knoblauch klein schneiden, Petersilie hacken.

6 Hühnerkeulen in einem großen Topf mit Wasser bedecken und zustellen. Zum Kochen bringen, salzen und zugedeckt ca. 25 Minuten köcheln lassen, bis sie gar sind.

7 Öl in einem Topf erhitzen und Zwiebeln und Knoblauch glasig dünsten. Tomatenmark zufügen, umrühren. Hühnerkeulen dazugeben, ca. ⅛ l Wasser hinzufügen, Petersilie darüberstreuen und umrühren, nach Bedarf ein wenig nachsalzen.

8 Ca. 10 Minuten leicht köcheln lassen, das dritte Ei daruntermischen und noch eine Minute kochen.

TIPP

Wer es pikanter möchte, kann das Gericht mit geräuchertem Paprika und einem Schuss Sherry abschmecken.

Grüner Veltliner Stockkultur Achleiten Smaragd 2009, Weingut Prager – Österreich

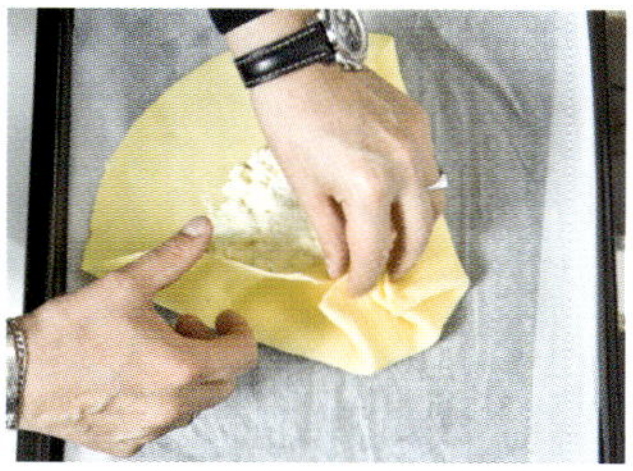

ხაჭაპური

გამზადებული ცომი, ორი კვერცხი + 1 ცალი მარილიანი ყველი (Feta), ცოტა კარაქი.

მომზადება: გაშლილ ცომში ჩავდოთ ერთმანეთში არეული ყველი და კარაქი. ცომის მოვკეცოთ ოთხი კუთხე და ოდნავ დავაზელოთ. გამზადებულ ცომს დავდოთ კვერცხი და [illegible] გათბობილ ღუმელში 15 წუთით გამოვაცხოთ.

ჩახოხბილი

4 ცალი ქათმის ფეხი, 2 ცალი ხახვი, 3 ცალი ნიორი, ოხრახუში, ქინძი, 2 ს. კოვზი ტომატი, 1 ჩ. კარაქი, წყალი, მარილი

მომზადება: ქათმის ფეხები მოვხარშოთ. ცალკე მოვშუშოთ ხახვი და ნიორი, ამას დავუმა-ტოთ ტომატის წვენი და მოვშუშოთ. შემდეგ დავა-სხათ ქათმის ბულიონი და ვადუღოთ ცოტა ხანს. ჩავაწყოთ ამ ქათმის ფეხები და დავაყაროთ ოხრახუში და ქინძი. დავხუროთ და 15 წ. ვადუღოთ. ბოლოს ჩავუმატოთ ერთი ჩ. კარაქი და დავახუროთ 10. წუთი.

გემრიელად მიირთვით
სალამი

ლადო ატანელი

Turin – Mit viel Einsatz und Spaß steht Lado Ataneli am Herd, doch täglich den Kochlöffel zu schwingen raubt ihm einfach zu viel Zeit.

Natalia Ushakova

Sopran, Usbekistan

Die ersten Komplimente für ihre Kochkünste konnte die in Tashkent geborene Sopranistin schon früh einheimsen. „Ich war sechs Jahre alt, als ich Kurnik, das usbekische Nationalgericht, zubereitete“, erzählt die Sopranistin nicht ohne Stolz. Natascha, wie sie ihre Freunde nennen, kocht gerne und meist viel zu viel. Inspiration findet sie in den Rezepten ihrer Großmutter und bei Freundinnen, aber auch in Kochsendungen. Oft lässt sie aber einfach ihren Ideen freien Lauf. „Ich habe die Gabe, gut abschmecken zu können. Selbst bei Speisen, die ich zum ersten Mal ausprobiere, erwische ich stets die richtige Menge an Gewürzen“, so die Künstlerin.

Zum Essen nimmt sich die quirlige Sängerin genügend Zeit. „Wenn mein Flieger um sechs abhebt, verlasse ich das Bett um drei Uhr früh, weil ich eine Stunde lang genussvoll frühstücken möchte – Eierspeis, Schinken, Kaviar und Blinis“, sagt die Königin der Küche.

Was ich auf keinen Fall esse:
Ameisen, Kaninchen, Affen, Menschen und vor allem keine Kinder! (lacht)
Heißhunger:
Frische und in Salzwasser eingelegte Tomaten, Brot, Leberkäse.
Das findet man immer in meinem Kühlschrank:
Roten und schwarzen Kaviar, Eier, Butter, Milch, Kaffee, Bergkäse oder Parmesan.
Wen ich gern zum Essen lade:
Ich hätte sehr gerne Giacomo Puccini zum Essen eingeladen, damit er anschließend eine Oper für mich schreibt. Er schätzte gutes Essen und schöne Frauen, die ihn inspirierten.
Mein Motto:
Gut fühlen möchte ich mich!

Plov

Usbekischer Stolz – Reisgericht mit Huhn

Für 6 Personen

ZUTATEN

4 Hühnerkeulen
3 große Kartoffeln
4 bis 5 Karotten
1 Zwiebel
3 Knoblauchknollen
2 Quitten, eine Handvoll Rosinen
2 Handvoll Kichererbsen, die über Nacht in Wasser eingelegt wurden
500 g Rundkornreis
Kreuzkümmel, Salz, Wasser
3 bis 4 EL Pflanzenöl

1 Hühnerkeulen teilen. Zwiebel und Karotten kleinwürfelig schneiden. Quitten in Spalten schneiden.

2 In einem großen Topf das Öl heiß werden lassen und darin die Hühnerkeulen von allen Seiten gut anbraten. Die geschnittene Zwiebel dazugeben und andünsten. Karotten, Rosinen, Kichererbsen und die Quittenspalten daruntermischen. Mit Kreuzkümmel würzen. Ca. 7 Minuten anbraten. Ein wenig salzen.

3 Mit ½ l Wasser aufgießen und 15 Minuten leicht köcheln lassen. Den gewaschenen Reis hinzufügen, aber nicht umrühren. Die Knoblauchknollen mit der Schale in den Reis drücken. Den Topf mit Wasser bis ca. 1 cm über dem Reis auffüllen und aufkochen lassen. Mit einem Kochlöffel einige Löcher in den Reis stechen, nicht umrühren. Wenn das Wasser verkocht ist, bei geringer Hitze ca. ½ Stunde zugedeckt ziehen lassen.

TIPP

Perfekt dazu passt grüner Salat mit einer leicht gezuckerten Salatmarinade.

Bela Rex 2007, Weingut Gesellmann – Österreich

Плов (узбекский)

для 6 персон

500 гр. риса (желательно короткий, круглый)
3-4 средние морковки
2 средние луковицы
2 головки чеснока
3 куриные ножки
горсть изюма
2 средние айвы
горсть узбекского гороха
2 щепотки зиры.
4 столовые ложки растительного масла.

На ночь замочить узбекский горох. Куриные ножки разделить на три части. Морковь пошинковать, лук нарезать полукольцами, айву почистить и нарезать ломтиками, головки чеснока оставить целиком, только снять верхние одежды. На сковороде раскалить масло, обжарить курицу, обжарить лук, морковь, затем положить изюм, айву, горох, зиру, посолить. Добавить к этому всему стакан воды и продолжать варить на медленном огне. Через примерно 20-22 мин снять с огня. Рис промыть 3 раза. Переложить всю эту поджарку в кастрюлю с толстым дном, наверх всыпать рис (не перемешивая), залить водой (над рисом ≈ 1,5 см) и варить на сильном огне до появления на поверхности риса, когда вода испарится, закрыть кастрюлю крышкой с тряпочкой и оставить на медленном огне вариться ≈ 30 мин. Снять с огня, плов перемешать и подать на большом блюде.

Приятного аппетита. Наталия Ушакова

Wien – Gut, dass Natalia Ushakova einen hungrigen Gatten zuhause hat, kocht sie doch für ihr Leben gerne und meist zu viel.

Barbara Bonney

Sopran, Amerika

Schon mit 19 Jahren war die in Montclair, New Jersey, geborene Sopranistin ein Profi in der Küche. „In jenem Sommer habe ich im Rahmen eines Ferienjobs in Maine an der Ostküste täglich für sechzig anspruchsvolle Gäste Frühstück und Abendessen zubereitet. Ich stand um fünf Uhr früh auf, backte Brot und erledigte alle Vor- und Zubereitungen. Es war anstrengend, aber es hat mir Freude gemacht. Mein Timing als Sängerin habe ich dieser harten Schule zu verdanken“, erzählt die vielseitige Künstlerin.

Kochschule hat Bonney keine besucht. Ihr Talent und das aus Kochbüchern angelesene Wissen waren und sind Garant für exzellente Gerichte. Sooft es ihre Zeit erlaubt, steht sie am Herd. „Wie beim Singen ist auch hier der persönliche Einsatz gefragt. Ausführung und Timing entscheiden über Erfolg und Misserfolg“, weiß die liebenswerte Vollblutkünstlerin.

Was ich auf keinen Fall esse:
Bis auf Innereien und Schnecken esse ich alles.
Heißhunger:
Getrocknete Aprikosen.
Das findet man immer in meinem Kühlschrank:
Butter, Milch, Eier, Sahne, Salat nach Saison, weißes und rotes Fleisch, Pilze, Gemüse, Hefe, Blätterteig, Pizzateig und Prager Schinken, hausgemachte Bouillon.
Wen ich gern zum Essen lade:
Mozart und Richard Strauss, weil sie mein Musikleben so sehr geprägt haben. Ich würde sie fragen, wie ihnen Sopran-Stimmen wirklich gefallen!
Mein Motto:
Bleib dir selbst treu.

Beef Tenderloin

Steaks mit Kartoffelgratin und Kräutern

Für 6 Personen

1 Geschälte und in Scheiben geschnittene Kartoffeln Schicht für Schicht in eine ofenfeste Form schlichten. Jede Schicht salzen, pfeffern und mit Sahne begießen. Im Backrohr bei 180 Grad ca. 50 Minuten backen.

2 Die Steaks salzen und pfeffern. Butter und Öl zu gleichen Teilen in einer Pfanne sehr heiß werden lassen und nach Geschmack ca. 3 bis 4 Minuten auf jeder Seite braten. Mit den frischen Kräutern garnieren.

ZUTATEN

6 Stück Rindsfilet à ca. 180 g
8 bis 10 mittelgroße Kartoffeln
Butter und Öl zu gleichen Teilen
500 ml Sahne
Salz, Pfeffer
verschiedene frische Kräuter

TIPP

Die fertigen Steaks einige Minuten in Alufolie gewickelt ziehen lassen. Dadurch werden sie innen schön rosa.

Château Musar 2001 – Libanon

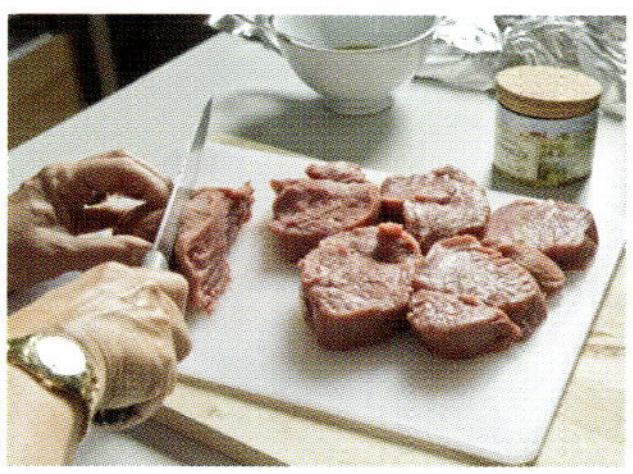

The Perfect Dinner Party

Beef Tenderloin with fresh Herbs and Scalloped Potatoes

6 beef tenderloin steaks, 4 cm
8-10 medium potatoes (Agata)
butter, heavy cream, salt & pepper

Peel potatoes, slice thin. Arrange in layers in a casserole. Dot each layer with butter, cream and seasonings. Bake at 200° for 45 minutes, until golden and bubbling.

Grill seasoned steaks in a heavy pan or on a barbecue, 4 minutes, turn, then 3 further minutes. Garnish with mixed herb tendrils – thyme, rosemary, basil, chervil, oregano.

Serve with a green salad and a full bodied red wine. This is a sure success!

Barb Bonney

Salzburg – Wann immer die begnadete Hobbyköchin Barbara Bonney am Herd steht, kreiert sie exzellente Gerichte.

Diana Damrau

Sopran, Deutschland

Mit sechzehn Jahren besuchte die Schwäbin aus Günzburg einen Kochkurs, seitdem kommt sie vom Kochen nicht mehr los. „An zehn Abenden haben wir alles durchgepaukt, von der Suppe über Fleischgerichte und Dessert, bis hin zum strategischen Einkauf", resümiert das Energiebündel Damrau.

Die wichtigste Mahlzeit des Tages sind für die Sopranistin ihre Frühstückseier. Entweder bereitet sie ein Omelette mit Champignons und Petersilie zu oder es gibt fast durchgebratene Spiegeleier, die sie mit Trüffelöl beträufelt. „Das schmeckt göttlich", schwärmt die Sängerin.

Hat sie einmal keine Gäste, gibt es meist Salate oder Pasta mit Pesto. Bei ihren Reisen um den Globus gibt es für Damrau mittlerweile kulinarische Fixpunkte: „In New York gehe ich immer Sushi essen, in London zum Italiener und ohne asiatische Küche könnte ich nicht leben. Typisch deutsch ist das nicht, oder?", lacht die Kosmopolitin.

Was ich auf keinen Fall esse:
Fleisch am Knochen und fette Saucen.
Heißhunger:
Sushi! Am liebsten mag ich California Rolls – mindestens eine doppelte Portion davon!
Das findet man immer in meinem Kühlschrank:
Pitabrot (Fladenbrot), Pesto, Peperoni, Hüttenkäse, Humus, Tabouleh – gehackte Kräuter mit Tomaten und Couscous, Knoblauch und Ingwer, Cola light, Tonic, Gin, Campari-Soda.
Wen ich gern zum Essen lade:
Mozart, um alles über ihn und seine Zeit aus erster Hand zu erfahren.
Mein Motto:
Attacke!

Krautstrudel

Für 4–6 Personen

ZUTATEN TEIG
500 g Mehl
¼ TL Salz
4 EL Wasser
3 große Eier

ZUTATEN FÜLLUNG
750 g Sauerkraut
150 g Rauchfleisch oder gekochter Schinken (Speck), je nach Geschmack
50 g Pflanzenfett, Lorbeerblätter, Nelken
1 Zwiebel, Flüssigkeit nach Bedarf (Weißwein)

1 Die Zutaten zu einem Teig verkneten und diesen in drei gleich große Teile teilen. Den Teig sehr dünn ausrollen.

2 In einer Pfanne das Fett erhitzen, in Würfel geschnittenen Schinken und klein geschnittene Zwiebel anbraten. Das Sauerkraut daruntermischen und mit Weißwein, Lorbeerblättern und Nelken verfeinern.

3 Diese Masse auf den Teigstücken verteilen, aufrollen und in ca. 5 cm lange Stücke schneiden. In einer Pfanne das Pflanzenfett schmelzen und die aufgestellten Teigrollenstücke auf beiden Seiten gut anbraten. Eventuell etwas Wasser zufügen. Zugedeckt ca. 30 Minuten dünsten.

4 Auf Rucola und Tomatenscheiben anrichten.

TIPP
Das passende Dressing zum Salat: 8 EL Kürbiskernöl mit 2 EL Apfel-Balsamico-Essig mischen, salzen und pfeffern.

Grüner Veltliner Gottschelle Kremstal DAC Reserve 2009, Stift Göttweig – Österreich

Krautstrudel

(= grautschdrudl)

Teig: 500 g Mehl
1/4 TL Salz
4 EL Wasser
3 große Eier

Füllung: 750 g Sauerkraut
150 g Rauchfleisch od. gekochten Schinken (Speck!) je nach Gusto
50 g Fett
1 Zwiebel
Flüssigkeit (evtl. Wein) nach Bedarf

- Nudelteig herstellen, 3 Flecke dünn ausrollen
- mit gut abgeschmecktem (Weisswein, Lorbeer, Nelke) in Pfanne mit Zwiebeln herausgebratenem Sauerkraut und Geräuchertem belegen.
- wie Strudel aufrollen, in 5 cm lange Stücke schneiden,
- diese mit Schnittfläche nach unten in eine mit Butter gefettete Form geben, anbräunen, wenden, evtl. Wasser zugeben
- zugedeckt etwa 30 min gardünsten.

(Tipp: auf Rucola + Tomaten servieren)

„Mahlzeit!!" ♥ Diana Damrau

Wien – Mit dem Know-how aus einem Kochkurs kocht es sich leichter. Die quirlige Diana Damrau setzt auch in der Küche zu Höhenflügen an.

Angela Denoke

Sopran, Deutschland

Großmutters Ratschläge und der Kochunterricht in der Schule waren für die norddeutsche Sängerin die Basis für einfache Gerichte. Richtig kochen gelernt hat die in Stade geborene Sopranistin aber erst durch einen befreundeten Koch.

Die Künstlerin steht gerne am Herd. Manchmal hält sie sich exakt an Rezepte, oft aber dienen sie ihr nur als Inspiration. Auch beim Einkauf ist Denoke spontan. Am Markt wird gekauft, was sie gerade anlacht. Was daraus tatsächlich gezaubert wird, entscheidet sie erst zuhause. „Kochen ist für mich Entspannung. Dabei kann ich meinen Gedanken nachhängen", sagt die Sängerin.

Auch unterwegs greift sie gern zum Kochlöffel. „Es gibt an manchen Gastspielorten Wohnungen, die mein Mann und ich immer wieder mieten, weil wir sie schon beim letzten Mal mit den fehlenden Kochutensilien ausgestattet haben", lacht die gefragte Sopranistin.

Was ich auf keinen Fall esse:
: Innereien, mit Ausnahme Leber, esse ich nicht so gerne.

Heißhunger:
: Ich greife eher zu Deftigem als zu Süßem und esse gerne eine Bratwurst oder Wurstsemmel.

Das findet man immer in meinem Kühlschrank:
: Milch, Butter, Käse, selbst gemachte Marmeladen und Gemüse. Unsere Nachbarn bauen herrliches Gemüse an und so kommen wir öfters in den Genuss von frisch Geerntetem – herrlich!

Wen ich gern zum Essen lade:
: Die für mich wichtigste Person, für die ich gerne kochen würde und mit der ich so gerne sprechen würde, ist meine Mutter. Sie starb leider, als ich fünfzehn Jahre alt war.

Mein Motto:
: Alles so nehmen, wie es kommt.

Lammkeule in Rotweinsauce

ZUTATEN

1 Lammkeule
1 Flasche kräftiger Rotwein
1 Dose Tomaten
1 Dose Cherrytomaten
„Crema Balsamico" nach Gefühl
1 große Zwiebel
1 Knolle Knoblauch
½ Sellerieknolle
3 Karotten
1 Stange Lauch, Schnittlauch
3 Rosmarinzweige
1 Messerspitze Chili, gerieben, Salz, Pfeffer
1 EL Sonnenblumenöl
100 g Butter
Kartoffeln und grüne Bohnen

TIPP

Als alternative Beilage eignet sich eine Steinpilz-Rosmarin-Polenta.

Für 4 Personen

1 Die von Haut und Sehnen befreite Lammkeule über Nacht mit Rotwein bedeckt ruhen lassen. Herausnehmen, trocken tupfen und mit einigen Knoblauchzehen spicken, salzen, pfeffern und auf allen Seiten in einem großen Bräter in Öl scharf anbraten.

2 Restlichen Knoblauch mit Schale, Zwiebel, Karotten, Lauch und Sellerie grob schneiden und mitbraten. Mit dem Wein ablöschen. Die Dosentomaten und die Rosmarinzweige dazugeben und mit einem Deckel verschließen. Im auf 180 Grad vorgeheizten Backrohr ca. 1 Stunde schmoren.

3 Backrohr auf 150 Grad reduzieren, halbstündlich weiter reduzieren, bis 50 Grad erreicht sind. Je länger das Fleisch bei niedriger Temperatur schmort, umso besser. Fleisch aus dem Bräter nehmen und die Sauce durch ein Sieb passieren. Keule warm stellen. Die Sauce ein wenig einkochen und mit Chili, Salz und Pfeffer würzen. Sehr fein mit „Crema Balsamico" eingerührt. Die Cherrytomaten zufügen und ziehen lassen. Mit etwas Butter nach Geschmack binden. Mit klein geschnittenem Schnittlauch bestreuen.

4 Die Keule mit Salzkartoffeln und grünen Bohnen servieren.

Sassicaia 2006 – Italien

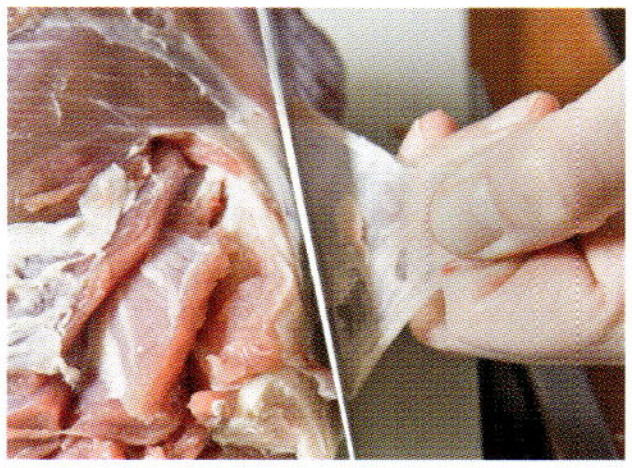

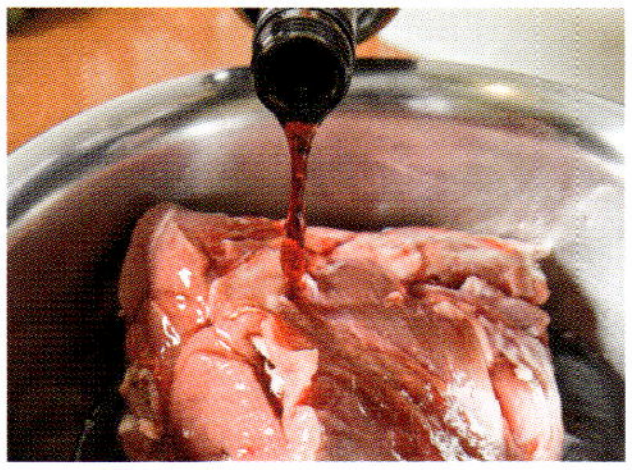

Lammkeule

1 schöne, möglichst frische Lammkeule
1 Flasche kräftigen Rotweins
1 Dose Flaschentomaten
1 Dose Cherrytomaten → schmecken besser als frische Tomaten
Knoblauch, Zwiebeln, Sellerie, Möhren, Lauch, Rosmarin, Salz, geriebene/gemörserte, trockene Chili, Sonnenblumenöl

- Die Lammkeule von Haut und Sehnen befreien, dann über Nacht oder auch länger in Rotwein marinieren
- Die Keule aus dem Sud nehmen, gut mit Küchenpapier trockentupfen, mit Knoblauch (und/oder) gemörserten Rosmarin spicken, salzen, pfeffern, dann von allen Seiten in einem Bräter mit passendem Deckel scharf anbraten
- Knoblauchzehen mit Schale, Zwiebeln, Möhren, Lauch Sellerie (grob geschnitten) kurz mitanbraten, mit Rotwein ablöschen, die Flaschentomaten hinzufügen Rosmarinzweige dazugeben, Bräter mit dem Deckel verschließen und in den auf 180° Grad vorgeheizten Backofen geben.
- Nach einer knappen Stunde den Backofen auf 150° Grad herunterkühlen, dann alle halbe Stunde weiter die Hitze reduzieren. Bei 50° Grad kann die Keule dann lange ausruhen.
  Je länger die Lammkeule bei niedriger Temperatur im Ofen bleibt, desto weicher und sämiger wird sie.
- Vor dem Servieren die Lammkeule aus dem Bräter nehmen, die Sosse durch ein Sieb in einen Topf passieren, die Keule wieder zurück in den Bräter legen und warmstellen.
- Die Sosse einreduzieren, nach Geschmack würzen. Ich benutze gerne am Ende noch einen Schuss Balsamico-Essig, besser noch „Crema di Balsamico" für den letzten süss-sauren Pfiff.
- Die abgetropften Cherry-Tomaten zur fertigen Sosse geben und etwas ziehen lassen. Nach Bedarf mit kalter Butter oder Mondamin (nicht zu viel!) abbinden. Am Ende gerne noch gehackte, glatte Petersilie zugeben.

Mit Salzkartoffeln und grünen Bohnen servieren – oder natürlich auch mit anderen Beilagen.

Angela Denoke

Wien – Angela Denoke steht gern am Herd, um zur Freude ihres Mannes und ihrer Freunde aufwendige Speisen zuzubereiten.

Adrian Eröd

Bariton, Österreich

Früh übt sich, wer es in einer Disziplin zur Meisterschaft bringen will. Bereits als Schüler stellte sich der Wiener jeden Sonntag in die Küche, um eine Torte zu backen. Kein Wunder, dass er mit elf Jahren sogar Konditor werden wollte. Als Kind schaute er seiner Mutter gerne beim Kochen zu oder versuchte sich selbst am Herd. „Mich hat immer schon fasziniert, was man aus einem Rohstoff alles machen kann", sagt der Hobbykoch.

Der Bariton liebt es, in vielen Kochbüchern gleichzeitig zu schmökern und aus den unterschiedlichsten Rezepten spezielle Menüs für seine Gäste zu kreieren. 50 Bücher stehen nach den Länderküchen geordnet in seinem Regal. Er kocht gerne und viel, im Alltag wechselt er sich beim Küchendienst mit seiner Frau ab und wenn Gästen vorbeikommen, wird gemeinsam groß aufgekocht. „Das Schönste daran ist das gemeinsame Essen danach", sagt der Künstler.

Was ich auf keinen Fall esse:
Sellerie, außer in der Suppe oder in einem Gericht.
Heißhunger:
Zuhause mache ich mir am liebsten Brot mit Käse und Schinken.
Das findet man immer in meinem Kühlschrank:
Butter, Joghurt, Dijon-Senf, Käse und Wurst.
Wen ich gern zum Essen lade:
Euklid, Jan van Eyck und Charles Dickens, um ihnen einfach nur zuzuhören. Ich wäre gespannt, was sich die drei bei einem gemütlichen Mahl zu sagen hätten.
Mein Motto:
Nicht die Glücklichen sind dankbar, es sind die Dankbaren, die glücklich sind.

Ossobucco mit Gremolata und Polenta

Für 6 Personen

ZUTATEN FLEISCH
8 bis 10 Kalbshaxenscheiben
3 Karotten, 3 Petersilienwurzeln
1 Zwiebel, ½ Sellerieknolle
2 Dosen geschälte Tomaten
¼ l Rotwein, ¼ l Kalbsfond
Mehl zum Stäuben
4 EL Olivenöl, Salz, Pfeffer, 2 Lorbeerblätter, 3 Zweige Rosmarin

ZUTATEN POLENTA
250 g Polenta
½ l Milch
½ l Wasser
100 g Butter, Salz

ZUTATEN GREMOLATA
1 Bund Petersilie
abgeriebene Schale einer unbehandelten Zitrone
2 Knoblauchzehen
100 ml Olivenöl
Salz

TIPP
Eine gegrillte Scheibe Räucherspeck gibt dem Gericht ein besonderes Aroma.

1 Das Gemüse (bis auf die Dosentomaten) kleinwürfelig schneiden. Die Kalbshaxen salzen und in Mehl wenden. In einem großen Bräter Öl erhitzen und das Fleisch scharf anbraten. Herausnehmen und das Gemüse anbraten. Mit Wein ablöschen und die ein wenig zerkleinerten Tomaten hinzufügen. Kurz aufkochen lassen. Das Fleisch wieder zurücklegen und mit Kalbsfond aufgießen, bis es damit bedeckt ist. Im vorgeheizten Backrohr zugedeckt ca. 2 Stunden bei 180 Grad schmoren.

2 Für die Gremolata Petersilie und Knoblauch fein hacken und mit der abgeriebenen Zitronenschale vermischen. Mit Olivenöl zu einer Paste verrühren. Nach Bedarf salzen.

3 Für die Polenta Wasser und Milch aufkochen. Polenta einrühren, die Butter zufügen, salzen und ca. 30 Minuten bei kleiner Hitze quellen lassen. Ständig umrühren.

4 Das Fleisch auf Tellern anrichten, mit der Gemüsesauce übergießen. Polenta in Stücke schneiden und dazu servieren. Gremolata darübergeben.

Château Palmer 1999 – Frankreich

Wien – Wäre Adrian Eröd nicht Sänger geworden, würde er wohl auch mit seinem Kochtalent viele Menschen beglücken.

Ossobu(c)co – mit einem oder zwei c, egal …

mit Gremolata und Polenta

für 6 Portionen:

- 8–10 Scheiben Ossobuco (je nach Größe und Hunger)
- 3 Karotten, 3 Peterwurzeln, 1 Zwiebel, ½ kleine Sellerieknolle
- 2 Dosen geschälte Tomaten
- ¼ l Weißwein, ¼ l Kalbsfond
- Mehl zum Stauben, Olivenöl
- Salz, Pfeffer, Lorbeer, Rosmarin, …

- 250 g Polenta
- ½ l Milch, ½ l Wasser
- Butter, Salz

- 1 Bund Petersilie
- Schale von einer unbehandelten Zitrone
- 2 Knoblauchzehen
- Olivenöl

Für das Ossobuco das Gemüse würfelig schneiden.
Die Kalbshaxenscheiben salzen und mit Mehl stauben.
In einem Bräter Öl erhitzen und das Fleisch schaf anbraten, dann das Fleisch beiseitestellen und im gleichen Bräter das Gemüse anschwitzen. Mit Weißwein ablöschen und die grob zerkleinerten Tomaten hinzufügen, nach Geschmack würzen und kurz aufkochen lassen. Dann das Fleisch einlegen und mit Kalbsfond und/oder Weißwein aufgießen, dass es von der Sauce bedeckt wird. Bei 180° im Ofen mindesten 2 Stunden schmoren. (Mit Deckel – sonst ist der Duft so stark, dass man die 2 h nicht durchhält.)
Für die Gremolata Petersilie fein hacken, mit der Zitronenschale und dem gepressten Knoblauch vermischen und mit Olivenöl und wenig Salz zu einer dickflüssigen Paste verrühren.
Die Polenta im aufgekochten Milch-Wassergemisch mit Salz und einem schönen Stück Butter ca. 30 min bei niedriger Hitze ausquellen lassen – immer wieder umrühren!

Ich wünsche guten Appetit!

- Die Reste am nächsten Tag als Pastasauce verwenden – mmh!
- Rosmarin ist nur eine Idee, sonst Thymian, Oregano, …
- Nicht vergessen: Das Knochenmark auf Weißbrot!!

Barbara Frittoli

Sopran, Italien

Die Mailänderin liebt es zu kochen und steht täglich am Herd. In der Küche fühlt sie sich in ihrem Element. „Das ist mein Lieblingsort. Hier steht mein Computer, hier führe ich meine Telefonate, schmökere in Magazinen. Und wenn ich zornig bin, nehme ich mir ein Kochbuch, suche nach einem Rezept und fange an zu kochen. Dabei vergesse ich meine Probleme", berichtet die Sopranistin.

Die Künstlerkollegen schätzen Barbara Frittoli nicht nur als herausragende Sängerin, sondern auch als hervorragende Köchin. „Wenn wir bei den Proben über Essen sprechen und dabei hungrig werden, lade ich meine Kollegen zu mir ein und ich koche für das gesamte Team", sagt sie.

An die dreihundert Rezepte hat sie in ihrem Laptop gespeichert, geordnet nach Vor-, Haupt- und Nachspeise, Gemüse und Brot. Daraus ergeben sich immer wieder neue Variationen.

Was ich auf keinen Fall esse:
Minze, dagegen bin ich allergisch.
Heißhunger:
Karotten und Macadamianüsse habe ich immer bei mir.
Das findet man immer in meinem Kühlschrank:
Zucchini, essfertiges Huhn, Milch, Eier, Saisongemüse, Salat, Tomaten, Basilikum, Parmigiano, Weiß- und Rotwein, Marsala und Bier, die ich zum Kochen verwende. Öl, Balsamico, graues Sale marino, Pasta und Reis.
Wen ich gern zum Essen lade:
Giuseppe Verdi, weil ich weiß, dass er mein Essen mögen würde und wir uns blendend über Musik und Kulinarisches unterhalten könnten.
Mein Motto:
Wenn du es möchtest, schaffst du es!

La cassoeula di Milano

Wursteintopf mit Rippchen

Für 4–6 Personen

ZUTATEN

800 g Schweinerippchen
8 Verzini (Salciccia di Milano)
1 Kohlkopf
3 Karotten
½ Zwiebel
2 Sellerieknollen
3 EL Tomatenmark
1 ½ Suppenwürfel
⅛ l Weißwein, trocken
Olivenöl
Salz, Wasser

1 Zwiebel klein schneiden, Karotten und Sellerie in kleine Scheiben schneiden, Rippchen zerteilen, Wurst häuten und ebenfalls in Stücke schneiden. Kohl in Streifen schneiden.

2 Olivenöl in hoher Pfanne erhitzen, den Zwiebel, die Karotten und den Sellerie darin andünsten, Rippchen und die Wurst dazugeben. Ca. 4 Minuten anbraten und mit Weißwein ablöschen.

3 Tomatenmark, Suppenwürfel und ein Viertel der Kohlstreifen zufügen und mit Wasser nach Gefühl aufgießen. Leicht salzen.

4 Bei mittlerer Hitze ca. eine halbe Stunde köcheln lassen. Wenn das Fleisch durch ist, restlichen Kohl zufügen und noch ca. 10 Minuten fertig garen.

TIPP

Alternativ kann man das Gericht statt mit Weißwein auch mit Rotwein ablöschen.

Koonunga Hill, Shiraz Cabernet 2008, Penfolds – Australien

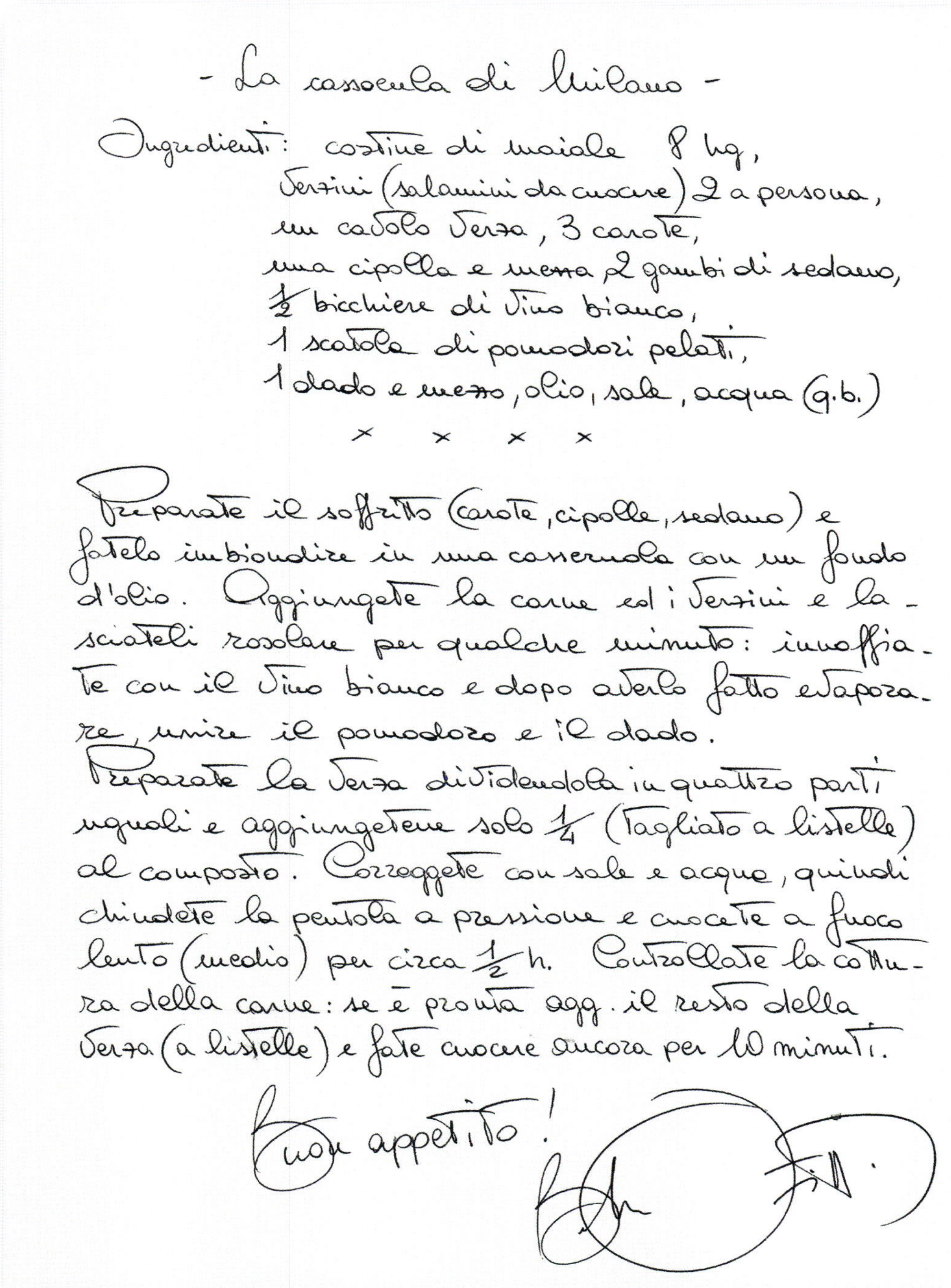

- La cassoeula di Milano -

Ingredienti: costine di maiale 8 kg,
Verzini (salamini da cuocere) 2 a persona,
un cavolo verza, 3 carote,
una cipolla e mezza, 2 gambi di sedano,
½ bicchiere di vino bianco,
1 scatola di pomodori pelati,
1 dado e mezzo, olio, sale, acqua (q.b.)

× × × ×

Preparate il soffritto (carote, cipolle, sedano) e fatelo imbiondire in una casseruola con un fondo d'olio. Aggiungete la carne ed i verzini e lasciateli rosolare per qualche minuto: innaffiate con il vino bianco e dopo averlo fatto evaporare, unire il pomodoro e il dado.
Preparate la verza dividendola in quattro parti uguali e aggiungetene solo ¼ (tagliato a listelle) al composto. Correggete con sale e acqua, quindi chiudete la pentola a pressione e cuocete a fuoco lento (medio) per circa ½ h. Controllate la cottura della carne: se è pronta agg. il resto della verza (a listelle) e fate cuocere ancora per 10 minuti.

Buon appetito!

Monte Carlo – Barbara Frittolis Lieblingsplatz ist in der Küche. Hier entwickelt sie Speisen, lässt ihrer Kreativität freien Lauf und tankt beim Kochen Kraft für all ihre Aufgaben.

Tamar Iveri

Sopran, Georgien

Wenn die georgische Sopranistin übers Essen spricht, steigt ihr fast zwangsläufig der Duft ihrer Kindheit in die Nase – Vanillekekse mit Zucker oder mit Kartoffeln gefüllte Teigtaschen. „Bis heute trage ich diese Geschmäcker in mir – sie erinnern mich an meine Großeltern, die beide gute Köche waren", erzählt die Sängerin. Die Großmutter brachte ihr das Backen bei – Honig- und Schokoladetorte – und auch, wie man gebratene Auberginen mit Knoblauch und Petersilie zubereitet oder grüne Bohnen mit Ei. All das zählt noch heute zu ihrem Kochrepertoire. Eine experimentierfreudige Köchin ist die in Tiflis geborene Künstlerin jedoch nicht. Sie baut auf ihre Standards und kocht, wenn ihr der Magen knurrt. Ihr Lieblingsrezept aus der Heimat, Chinkali – Teigtaschen mit Fleischfüllung, könnte sie zwar täglich vertragen, doch wenn der Stress von Proben oder Auftritten zuschlägt, verspürt sie keine Lust, sich auch noch in die Küche zu stellen.

Was ich auf keinen Fall esse:
Schnecken und Frösche, sonst probiere ich alles.
Heißhunger:
Dunkle Schokolade oder Wraps mit Salat und Lachs.
Das findet man immer in meinem Kühlschrank:
Mozzarella, Schafskäse, Joghurt mit Müsli, Rucola und Brokkoli, Fastengetränke, Bitter-Lemon, Campari, Margarine, Brotaufstriche, laktosefreie Milch und naturtrüben Apfelsaft.
Wen ich gern zum Essen lade:
Maestro Arturo Toscanini, dem ich gerne vorsingen würde, um anschließend seine Ratschläge und Eindrücke zu erfahren.
Mein Motto:
Wenn du dich stark und fit fühlst, dann bist du in deinem Beruf unschlagbar.

Chinkali

Fleischtaschen

Für 4–6 Personen

ZUTATEN

300 g Lammhackfleisch
200 g Schweinehackfleisch
3 Zwiebeln
500 g Mehl
je ca. 100 g frische Petersilie, Koriander, Spinat
Salz, Pfeffer
¾ l warmes Wasser
1 Ei

1 Das gesamte Hackfleisch in eine Schüssel geben. Die Zwiebeln klein schneiden und zufügen. Mit den gehackten Kräutern vermischen und mit Salz und Pfeffer würzen. Ca. ⅛ l warmes Wasser dazugießen.

2 Das Mehl in eine große Schüssel geben und mit ¼ l Wasser und dem Ei zu einem Teig verkneten. Ausrollen, mithilfe einer runden Form (Durchmesser ca. 10 cm) ausstechen. Die ausgestochenen Teile müssen noch einmal ausgerollt werden.

3 Ca. 1 EL Fleischmischung auf die Mitte des Teigstücks geben und zu einem Säckchen formen. Gut zudrücken, damit die Taschen beim Kochen nicht aufgehen.
In einem großen Topf Wasser zum Kochen bringen. Ein wenig salzen und die Fleischtaschen hineingleiten lassen. Aufpassen, dass sie nicht am Topfboden festkleben. Wenn die Taschen aufsteigen, noch ca. 5 Minuten weiterköcheln.

4 Auf Tellern anrichten und mit Pfeffer bestreuen.

TIPP
Noch zusätzlich mit gehacktem Koriander bestreuen.

Perwolff 2008, Weingut Krutzler – Österreich

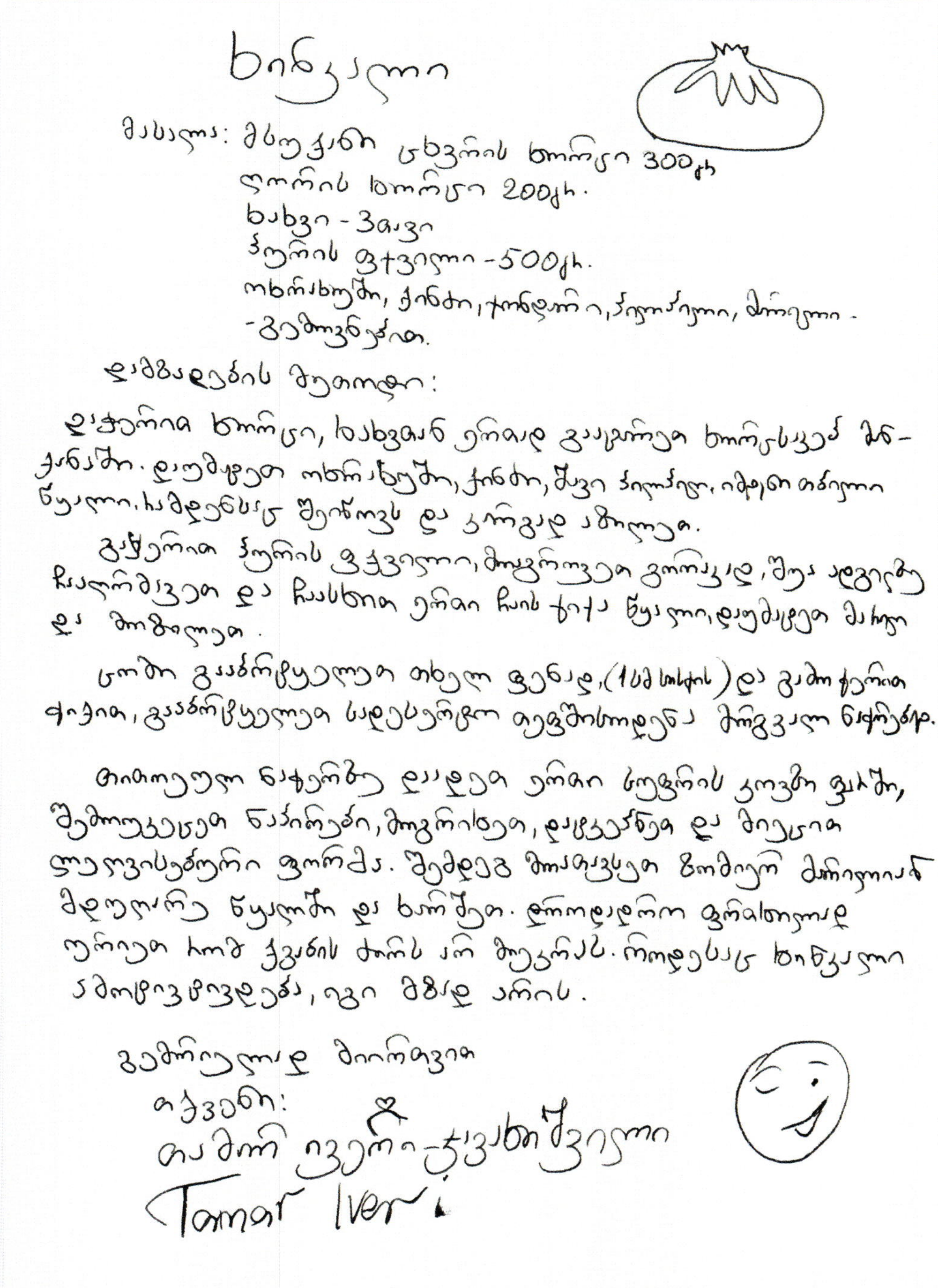

ხინკალი

მასალა: მსუქანი ცხვრის ხორცი 300გრ
ღორის ხორცი 200გრ.
ხახვი - 3ცალი
ხორბლის ფქვილი - 500გრ.
ოხრახუში, ქინძი, პილპილი, წიწაკა, მარილი -
- გემოვნებით.

დამზადების წესი:

დაჭერით ხორცი, ხახვთან ერთად გაატარეთ ხორცსაკეპ მანქანაში. დაუმატეთ ოხრახუში, ქინძი, შავი პილპილი, იმდენი თბილი წყალი, რამდენსაც შეიწოვს და კარგად აზილეთ.

გაცერით ხორბლის ფქვილი, მოაყარეთ ფიცარზე, შუა ადგილზე ჩააღრმავეთ და ჩაასხით ერთი ჭიქა თბილი წყალი, დაუმატეთ მარილი და მოზილეთ.

ცომი გააბრტყელეთ თხელ ფენად, (1მმ სისქის) და ჭიქის ფორმით ჭრით, გააბრტყელეთ სადესერტო თეფშისოდენა მრგვალ ნაჭრებად.

თითოეულ ნაჭერზე დადეთ ერთი სუფრის კოვზი ფარში, შემოუკეცეთ ნაპირები, მოუჭირეთ, დაკეცეთ და მიეცით ლეღვისებური ფორმა. შემდეგ მოათავსეთ ზომიერ მარილიან მდუღარე წყალში და ხარშეთ. დროდადრო ფრთხილად ურიეთ რომ ქვაბის ძირს არ მიეკრას. როდესაც ხინკალი ამოტივტივდება, იგი მზად არის.

გემრიელად მიირთვით
თქვენი:
თამარ ივერი-კვახაძე
Tamar Iveri

Wien – Wenn Tamar Iveri die Freude am Kochen übermannt, bereitet sie am liebsten Gerichte aus ihrer georgischen Heimat zu.

Vesselina Kasarova

Mezzosopran, Bulgarien

Wenn ich zuhause bin, koche ich immer. Schließlich warten dort zwei hungrige Männer, die gern und viel essen – vor allem mein Sohn", sagt die herausragende Künstlerin.

Einmal die Woche gibt es Wiener Schnitzel, sonst kocht die Wahlschweizerin Gerichte aus ihrer Heimat Bulgarien. Hin und wieder darf's aber auch eine Raclette sein.

„Auf Reisen gehe ich aber meistens essen oder mache mir nur ein schnelles Gericht wie einen Salat oder brate ein Stück Fleisch. Für mich allein zu kochen ist langweilig", erzählt die auf Jahre ausgebuchte Sängerin.

Am Tag der Vorstellung isst die Mezzosopranistin nichts Scharfes, obwohl sie pikantes Essen liebt, „aber es bekommt meiner Stimme nicht". Auch auf die Milch zum Kaffee verzichtet sie schweren Herzens – verschleimt sie doch die Stimme. Die nötige Kraft für die Vorstellung geben ihr Spaghetti mit Olivenöl.

Was ich auf keinen Fall esse:
Sehr Fettes, wie Bauchfleisch, sonst bin ich offen und koste erst einmal. Früher mochte ich keinen Käse, aber heute liebe ich gewisse Sorten.

Heißhunger:
Am liebsten esse ich Dinkelbrot. Wenn ich wirklich hungrig bin, mache ich mir ein Sandwich mit Schinken und Butter.

Das findet man immer in meinem Kühlschrank:
Salate, Tomaten, Gurken, Kochsalat, Milch, Joghurt, Butter, Eier, Gyär – Schafskäse aus Bulgarien.

Wen ich gern zum Essen lade:
Anthony Hopkins – ein faszinierender Schauspieler und eine echte Persönlichkeit. Privat ist er sicher ganz anders als in seinen Filmrollen, hoffentlich!

Mein Motto:
Vergiss nie, woher du kommst.

Mycaka

Lammfleischauflauf

Für 4 Personen

1 Die Zwiebel in feine Ringe schneiden. Kartoffeln schälen und würfeln. Zucchini in Scheiben schneiden und vierteln. Öl in einer großen Pfanne erhitzen und die Zwiebelringe andünsten. Zucchini und Kartoffeln zufügen.

2 Das Faschierte dazugeben, sowie gepressten Knoblauch und die Tomaten aus der Dose. Alles gut vermischen, salzen und pfeffern. Mit dem Wasser auffüllen und in eine ofenfeste Form geben.

3 Im vorgeheizten Backrohr bei 180 Grad ca. 50 bis 60 Minuten backen. Auf Tellern anrichten und mit Joghurt garnieren.

ZUTATEN

700 g Faschiertes von Lamm oder Schwein
2 große Zucchini
5 große Kartoffeln
1 Zwiebel
4 bis 5 Knoblauchzehen
1 große Dose geschälte Tomaten
4 bis 5 EL Olivenöl
Salz, Pfeffer
2 bis 3 Tassen Wasser
Joghurt als Beilage

TIPP

Einen Melanzani-Salat mit Arganöl dazureichen.

Chardonnay 2008, La Motte – Südafrika

Мусака

Рецептата за 4–5 човека

За приготвянето са необходими 700гр кайма от агнешко или свинско месо, 2 големи тиквички, 5 големи картофа, 1 глава лук, 4–5 скилидки чесън, 1 голяма консерва обелени домати, 4–5 лъжици олио, сол, черен пипер, 2–3 чаени чаши вода и 1 кисело мляко.

На ситно нарязаният лук се запържва с олиото, след което се прибавят обелените на ситно нарязани картофи. След известно време се слагат също нарязаните на ситно тиквички, доматите и чесънът който е пресован. След което се добавя и каймата. Всичко това се разбърква много добре. Добавят се сол и черен пипер. Накрая се залива яденето с водата. Слага се в една голяма тава, и се пече в предварително нагрята фурна на 200гр. Пече се около 1 час и 30 минути. За гарнитура се прибавя кисело мляко.

В. Касарова Да Ви е сладко!

Wien – Für sich allein kocht Vesselina Kasarova nicht so gerne. Aber für ihre hungrigen Männer zuhause, den Sohn und den Ehemann, steht sie täglich am Herd.

Angelika Kirchschlager

Mezzosopran, Österreich

Kochen hat mir niemand beigebracht, darum kann ich es auch bis heute nicht gut", schmunzelt die fröhliche Salzburgerin. Kirchschlager setzt ganz auf Hausmannskost wie Rindsuppe, Kartoffelgulasch und Schweinsbraten, der in ihrer Kindheit jeden Sonntag auf den Tisch kam. „Ursprünglich bereitete ihn meine Großmutter zu, später war meine Mutter dafür zuständig, und seit vielen Jahren zählt er auch zu meinen Standards", erzählt die Künstlerin.

Die Sängerin kocht selten, fehlt es ihr doch zumeist an der notwendigen Zeit – manchmal kommt sogar das Essen zu kurz. „Bis ich dann schon so hungrig bin, dass ich auf der Stelle etwas essen muss, weil mein ganzer Körper zittert", erzählt Kirchschlager. Auf Reisen teilt sie sich nach Proben und Auftritten entweder mit den Kollegen den Tisch im Restaurant oder nimmt sich fertige Gerichte mit ins Appartement, um gemütlich am Sofa zu dinieren und dabei den Tag vor dem Fernseher ausklingen zu lassen.

Was ich auf keinen Fall esse:
Ich esse alles, vom Seeigel über Leber, Beuschel bis zum gebratenen Spatzen.
Heißhunger:
Extrawurst! Und die Snacks und Schokoladen, die sich in meiner Handtasche auf Flügen sammeln. Bevor ich während der Vorstellung zusammenklappe, greife ich hinter der Bühne zu einer Banane und Red Bull.
Das findet man immer in meinem Kühlschrank:
Essiggurkerln, Milch, Mozzarella, Butter, Joghurt, Extrawurst. Wenn ich unterzuckert bin, beiße ich in eine Extrawurst.
Wen ich gern zum Essen lade:
Meine Vorfahren: Urgroßeltern und dann noch mindestens drei Generationen zurück. Es muss faszinierend sein zu wissen, wer einem vorausgegangen ist.
Mein Motto:
Ich nehme von jedem Menschen immer nur das Beste an und werde persönlich auch fast nie enttäuscht. Ich spiele gern mit guten Gedanken.

Schweinsbraten mit Semmelknödeln

Für 4–5 Personen

1 Knoblauch pressen und das gesamte Fleisch damit gut einreiben, mit viel gemahlenem Kümmel bestreuen. Das Fleisch in eine große Bratfolie geben, verschließen und bei 200 Grad ca. 2 Stunden im Backrohr braten.

2 Anschließend aus der Folie nehmen und noch eine weitere Stunde in einer Bratenform im Backrohr weiterbraten. Immer wieder mit dem entstandenen Bratensaft übergießen. Ein wenig Butter und Mehl in den Saft einrühren. Es kann bei Bedarf auch ein Bratensaftgewürz untergemischt werden. Braten aufschneiden und noch ¼ Stunde schmoren lassen.

3 Semmelwürfel in eine große Schüssel geben, salzen und mit der warmen Milch übergießen. Die Masse eine halbe Stunde rasten lassen.

4 Eier und Petersilie untermengen, mit wenig Mehl bestreuen und gut durchmischen.

5 Mit feuchten Händen aus der Masse Knödel formen und in sprudelndem Wasser ¼ Stunde ziehen lassen.

ZUTATEN BRATEN

2 kg Schopf vom Schwein
½–1 Knolle Knoblauch
1 Päckchen gemahlener Kümmel
Butter, Mehl
Bratfolie – extra groß
eventuell Bratensaftgewürz

ZUTATEN SEMMELKNÖDEL

½ kg Semmelwürfel
2 Eier
Petersilie
Salz, ein wenig Mehl
250 ml warme Milch

TIPP

Servieren Sie dazu lauwarmen Krautsalat mit Speck.

Grüner Veltliner Steinsetz 2009, Schloss Gobelsburg – Österreich

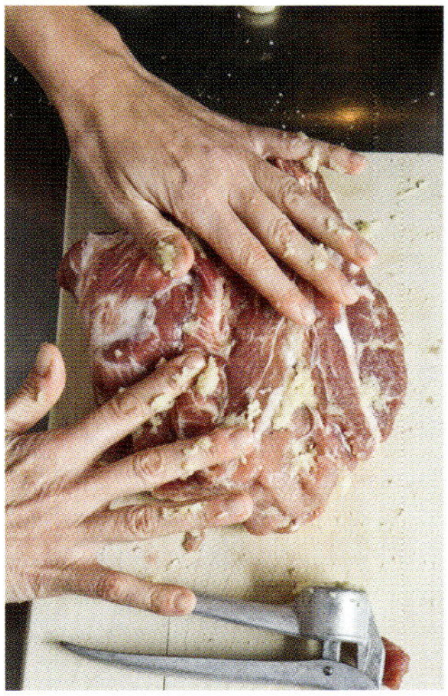

SCHWEINSBRATEN

2 kg Schopf vom Schwein — Butter
1/2 bis 3/4 Knolle Knoblauch — Mehl
1 Pkg. gemahlener Kümmel — Salz

Das ganze Stück rundum gut einsalzen, mit gepressten Knoblauchzehen und gemahlenem Kümmel (viel!) einreiben. Fleisch in Bratfolie geben und im Rohr ca. 2 Std. braten. Auspacken und danach eine weitere Std. im vorhandenen Saft braten. Immer wieder mit heißem Wasser übergießen. Butter u. Mehl mischen und in den Saft dazugeben. Ev. auch Bratensaft-Zusatz verwenden. Am Schluss den Braten aufschneiden und noch 1/4 Std. im Saft schmoren.

SEMMELKNÖDEL

1/2 kg Semmelwürfel
2 Eier — Petersil — Salz

Semmelwürfel in Schüssel geben, salzen, mit heißer Milch übergießen und 1/2 Std. ziehen lassen, 2 Eier und Petersil dazu, mischen, mit Mehl überdecken u. nochmal mischen, Knödel im heißen Wasser 1/4 Std. kochen.

Angelika Kirchschlager

Wien – Nicht, dass Angelika Kirchschlager nicht gerne kochen würde, aber das Zubereiten von Speisen bedeutet einen Zeitaufwand, den sie mit ihrem Job nicht immer in Einklang bringen kann.

Peter Mattei

Bariton, Schweden

Meine Anfänge in der Küche waren ein einziges Desaster", lacht der hünenhafte Schwede. Erste Kochversuche hat der in in Piteå, Nordschweden, geborene Künstler nur deswegen unternommen, weil ihn der Hunger plagte und gerade niemand zuhause war, der für ihn hätte kochen können. Obwohl er sich redlich bemühte, wurde aus Peter Mattei kein großer Koch. Omelettes, Hühnersuppe, knackige Salate, Spaghetti alla carbonara und die geliebte Bolognese zählen aber mittlerweile zu seinen Standards. Wenn es um raffiniertere Gerichte geht, verlässt er sich jedoch lieber auf die Kochkünste seiner Gemahlin: „Wenn meine Frau kocht, schmeckt es einfach himmlisch."

Was ich auf keinen Fall esse:
Ich esse alles!
Heißhunger:
Pasta alla bolognese.
Das findet man immer in meinem Kühlschrank:
Unser Kühlschrank ist immer voll mit Camembert „le rustique".
Ansonsten gibt es Milch, Butter, Eier, Früchte und Gemüse.
Wen ich gern zum Essen lade:
Natürlich meine Familie und die besten Freunde, um gemeinsam einen schönen Abend zu verbringen.
Mein Motto:
Allt har sin tid – alles zu seiner Zeit.

Pite Palt

Fleischknödel

Für 4 Personen

1 Die Kartoffeln schälen und reiben. In einem Tuch ausdrücken. Das Mehl zufügen und gut verkneten, salzen und pfeffern.

2 Einen großen Topf Salzwasser zum Kochen bringen.

3 Aus dem Kartoffelteig Knödel formen und in der Mitte eine kleine Menge des Pökelfleisches platzieren. In kochendem Wasser ca. 20 bis 30 Minuten sieden lassen.

ZUTATEN

10 große Kartoffeln
200 bis 300 ml Mehl
1½ TL Salz, Pfeffer aus der Mühle
500 g gepökeltes Fleisch, in kleine Würfel geschnitten

TIPP

Servieren Sie die Knödel mit brauner Butter übergossen und einem knackigen Blattsalat.

Blaufränkisch Reihburg 2007,
Weinbau Schiefer Uwe – Österreich

Pite Palt

Ingredienser

10	stora	Mandelpotatisar
2-3	dl	Vetemjöl
1,5	msk	Salt
3-4	hg	Rimmat Bogfläsk

Skär fläsket i tärningar och forma till bollar, stora som pingisbollar, lika många som paltar ca: 6 st.
Skala potatis, mal den i en köttkvarn. Blanda potatis, mjöl och salt till en lös smet. Ta ca: 1 dl av smeten och platta ut den i handen med mjöliga händer. lägg fläskbollen i mitten och slut om. Forma till en rund Palt. Lägg ned i kokande saltat vatten (ca 5 l vatten och 3 tsk salt) med en slev, låt den ligga kvar i sleven medans du gör nästa palt. Rör försiktigt om så inte Paltarna fastnar i botten.
Låt koka i en timme.
Servera med smör i en smörbrunn och iiiskall mjölk

OBS! Inga grönsaker, förrätter eller efterrätter, bara Palt och sedan vila...

Lycka till

New York – Der Familienvater Peter Mattei steht nicht oft in der Küche. Sein Kochrepertoire ist begrenzt, seine Stärken liegen anderswo.

René Pape

Bass, Deutschland

Ein paar großmütterliche Rezepte, Pasta mit Knoblauch, Wiener Würstchen, aufgepeppt mit Zwiebeln und Maggi: Das war lange Zeit René Papes Standard-Küchenrepertoire.

„Als ich in eigene Wohnung zog, blieb mir nichts anderes übrig, als in Kochbüchern zu schmökern oder nachzukochen, was mir im Restaurant geschmeckt hatte, wenn ich nicht verhungern wollte", erzählt der Bass. Ein Glück, dass Pape bei Problemen am Herd stets auch seinen Vater, einen Profi-Koch, um Hilfe bitten konnte.

Wenn es seine Zeit und lange Proben es zulassen, fabriziert der erfolgreiche Sänger heute gerne seine Lieblingsgerichte wie Wiener Schnitzel, Spinat mit Spiegelei und Bratkartoffeln sowie verschiedene Paste, und er greift auch während Gastspielen zum Kochlöffel. Dass er sich die Zubereitung von Sächsischem Sauerbraten selbst beibrachte und damit sogar von seinem Vater Anerkennung erntete, erfüllt ihn heute noch mit Stolz.

Was ich auf keinen Fall esse:
Saumagen und Hirn.

Heißhunger:
Ach du Sch..., alles was griffbereit ist. Herzhaft muss es sein. Allerdings esse ich auch gerne Donuts oder Cookies und Brownies bei Starbucks und spüle alles mit viel Kaffee hinunter.

Das findet man immer in meinem Kühlschrank:
Schokosojamilch, Eier, Milch, Salami, leichten trockenen Weißwein, Butter, Actimel-Erdbeer, Yakult, stilles Mineralwasser, Frankfurter, mehrere Sorten Käse, Paprika, Basilikum, Petersilie und – um meine Stimme vor Auftritten zu ölen – ein rohes Ei.

Wen ich gern zum Essen lade:
Freunde, die mir wertvoll sind und die ich viel zu selten sehe.

Mein Motto:
Immer drauf zu, laufen lassen.

MGM GRAND
THE NEW YORK VISTA
AMERICAN EXPRESS Cards
WILHELMINA
W
MODELS
the QUACKERY
Rosenthal
Lufthansa

Sächsischer Sauerbraten mit Klößen und Rotkraut

Für 4 Personen

ZUTATEN FLEISCH
500 g Rinderschmorbraten (Tafelspitz)
250 ml Buttermilch
2 EL Weißweinessig
1 Gewürznelke, 1 Lorbeerblatt, 1 Pimentkorn
2 EL Öl, 1 Zwiebel
40 g Butterschmalz
40 g Saucenlebkuchen

ZUTATEN KLÖSSE
1 TL Salz, 1 Ei
500 g mehlige Kartoffeln
100 g Semmelbrösel oder Paniermehl

ZUTATEN ROTKRAUT
1 Kopf Rotkraut, 1 kleines Stück Speck
Apfelessig, Zimt, Nelken, 50 g Zucker
½ Apfel, geschält und klein geschnitten
½ Glas Rotwein, 250 ml Wasser

1 Das Fleisch mit Buttermilch, Essig und den Gewürzen bedeckt 2 Tage im Kühlschrank marinieren. Herausnehmen, trocken tupfen und im Bräter in heißem Öl und Butterschmalz von allen Seiten scharf anbraten. Die fein geschnittene Zwiebel zufügen und mit anbraten. Mit Wasser aufgießen und aufkochen lassen. 2 Stunden zugedeckt schmoren lassen. Öfters wenden und mit dem Saft übergießen. Nach ca. einer Stunde den in Stücke geschnittenen Lebkuchen daruntermischen.

2 Die Hälfte der Kartoffeln kochen, schälen und pressen. Die andere Hälfte fein reiben und die Flüssigkeit ausdrücken. Beides gut vermischen und mit dem Paniermehl, Ei und Salz verkneten. Mit feuchten Händen Klöße formen und in siedendem Salzwasser ca. 15 bis 20 Minuten garen.

3 Rotkraut fein schneiden und mit Apfelessig, etwas Zimt, Nelken und Zucker marinieren. Einen Tag zugedeckt ruhen lassen. Danach mit etwas angebratenem Speck und einem halben Glas Rotwein, Wasser und den Apfelstücken 45 Minuten dünsten.

4 Braten in Scheiben schneiden und mit Rotkraut und Klößen anrichten.

TIPP
Ergänzen Sie die Fleischsauce noch mit klein geschnittenem Suppengrün, zwei Wacholderbeeren und fünf Senfkörnern.

Cos d'Estournel 2007 – Frankreich

Sächsischer Sauerbraten mit Klößen und Rotkraut

Zutaten für 4 Personen:

250 ml Buttermilch
2 EL Weißweinessig
1 Stk. Gewürznelke
1 Stk. Lorbeerblatt
1 Stk. Pimentkorn
500 g Rinderschmorbraten (Tafelspitz)
2 EL Öl
40 g Butterschmalz
1 Stk. Zwiebel
40 g Soßenlebkuchen
1 TL Salz
500 g Kartoffeln, mehlig kochend
100 g Paniermehl, Semmelbrösel
1 Ei
1 TL Pfeffer
250 ml Wasser

Das Fleisch mit Buttermilch, Essig und Gewürzen marinieren und 2 Tage im Kühlschrank lagern. Danach das Fleisch trocknen und im heißen Öl im Bräter kräftig anbraten, Zwiebel anbraten, Wasser dazu, aufkochen und zugedeckt 2 Stunden schmoren lassen. Öfters wenden! Marinade aufkochen, sieben und nach und nach über den Braten gießen. Soßenlebkuchen zerbröseln und nach 1 Stunde in den Bratenfond rühren.
Hälfte der Kartoffeln kochen, heiß durchpressen. Rohe Kartoffeln fein reiben und gut ausdrücken, gleich mit den gekochten Kartoffeln, Paniermehl, Ei und Salz glatt verkneten. Mit feuchten Händen Klöße kneten und in siedendem Wasser 15–20 min. ziehen lassen, bis sie hoch kommen. Rotkraut mit Apfelessig, etwas Zimt, Nelken und Zucker marinieren, 1 Tag stehen lassen und dann 45 Minuten in etwas angebratenem Speck, einem halben Glas Rotwein, Wasser und einem halben Apfel kochen. Alles abschmecken und hoffentlich genießen.

Guten Appetit Ihr René Pape

Dresden – Wenn René Pape zum Kochlöffel greift, bedeutet das Kochen nach Rezepten oder Zubereiten seiner Lieblingsgerichte, wie Wiener Schnitzel oder Spinat mit Spiegelei und Bratkartoffeln.

Shenyang

Bassbariton, China

Ich koche nie für mich selbst, nur für meine Freunde", sagt Shenyang. Der in Tianjin, China, geborene Sänger liebt es, in den New Yorker Delikatessensupermärkten durch die Gänge zu schlendern und sich dort von Köstlichkeiten aus aller Welt inspirieren zu lassen. Zwischen den Regalreihen stellt er seine Menüs spontan zusammen und berät sich vielleicht noch mit dem Fleischermeister über die perfekte Zubereitung des Fleisches. Selten kehrt er ohne zwei, drei Flaschen ausgezeichneten Weins und schwer bepackt in seine Küche zurück. Der kulinarische Autodidakt Shenyang kostet sich gern durch die multikulturellen Restaurants seiner Wahlheimat New York, um sich von deren Küche inspirieren zu lassen. Steht er selbst am Herd, versucht er die so gewonnenen Eindrücke in die Zubereitung einfließen zu lassen.

„Ich muss meine Freunde beim Essen nur ansehen und weiß, wie ihnen mein Essen mundet. Schmeckt es ihnen, macht mich das sehr glücklich", sagt der Connaisseur.

Was ich auf keinen Fall esse:
Gift (lacht), aber sonst koste ich alles.
Heißhunger:
Ich rufe einen Essenszustellservice an.
Das findet man immer in meinem Kühlschrank:
Orangensaft, Kiwi, Wassermelone, Prosciutto oder Schinken, Enten- und Gänsepaté, Rucola oder gemischten Salat.
Wen ich gern zum Essen lade:
Leute, die bestes Essen und Trinken mit mir teilen und Wert auf eine echte Freundschaft legen.
Mein Motto:
Ehe du etwas tust, überlege genau, ob dein Tun richtig ist.

Schweinefleisch mit Kartoffeln und Gemüse

Für 4 Personen

1 Fleisch im Wok in 2 EL heißem Pflanzenöl gut anbraten, den klein gehackten Knoblauch und die in Ringe geschnittenen Jungzwiebeln daruntermischen. Fleisch aus dem Wok nehmen und beiseitestellen.

2 Die in Würfel geschnittenen Kartoffeln, Karotten, Paprika und die geschälte Salatgurke im Wok anbraten. Zum Schluss das Fleisch wieder dazugeben und alles gut durchrösten.

3 Mit Sojasauce und Essig nach Belieben ablöschen. Das Gericht ist fertig, wenn das Gemüse bissfest ist.

ZUTATEN

1 Salatgurke
3 Karotten
1 roter und 1 grüner Paprika
3 große Kartoffeln
2 Jungzwiebeln
1 Knoblauchzehe
4 EL Pflanzenöl
4 EL Sojasauce, dunkler Reisessig (Asiashop)
400 g Bauchfleisch vom Schwein, in Würfel geschnitten

TIPP

Als Beilage empfehle ich Basmatireis mit Chili und gerösteten Cashewnüssen.

Grüner Veltliner Smaragd Spitzer Point 2009, Weingut Johann Donabaum – Österreich

炒三丁

主料　猪肉（五花）　75克
土豆　100克
青椒　50克
胡萝卜　50克
黄瓜　50克

配料　葱、姜、蒜
酱油、食用油（豆油）、醋、酒（中国黄酒或烈酒）
盐、白糖、鸡精、淀粉

作法：将猪肉等切成小丁，之后肉和土豆油煎后过油至七成熟，葱姜蒜切末后放滚油呛锅。之后加入肉、土豆、青椒、胡萝卜和黄瓜（依次），之后加酱油和酒翻炒。后加入其它配料便可。

特点：此菜作法简单，材料方便易买，味道十分家庭化，且材料多为绿色健康食物。炒三丁为津味菜系的代表。

祝大家享受美食每一刻！！

Shenyang
10/17/09

New York – Für Freunde kocht Shenyang gerne, aber für sich allein greift er lieber zum Handy und ruft den Essenszustellservice.

Kurt Streit

Tenor, Austro-Amerikaner

Kochen", sagt der fröhliche Tenor, „habe ich nie richtig gelernt." Und das, obwohl seine Mutter das Restaurant „Annie's Soup Kitchen" in Albuquerque, New Mexico betrieb. War viel los, half der umsichtige Künstler hinter der Theke und in der Küche aus und besserte sich so während des Studiums sein Taschengeld auf. „Mit 21 Jahren habe ich ein eigenes Gericht kreiert: Egg Burrito, das bedeutet kleiner Esel. Es ist eine gerollte Tortilla, gefüllt mit Käse, Eierspeis und Chilisauce, und steht noch heute auf der Speisekarte", erzählt der Familienvater stolz.

Von seiner Lieblingsköchin, der Frau Mama, schwärmt er in den höchsten Tönen. Wann immer er bei ihr zu Besuch ist, hilft er gerne in der Küche mit: „Am liebsten spüle ich Geschirr, da kann ich nichts falsch machen", lächelt der Austro-Amerikaner.

Was ich auf keinen Fall esse:
Ich esse alles und das gerne!
Heißhunger:
Pasta mit Sauce aus der Dose und einen Salat dazu oder Reisgerichte.
Das findet man immer in meinem Kühlschrank:
Ingwer, Salat, Karotten, Milch und Butter und viele asiatische Saucen zum Mischen.
Wen ich gern zum Essen lade:
Nicolai Gedda, weil er meiner Meinung nach der beste Tenor ist.
Mein Motto:
Ich habe kein Motto, ich bevorzuge ein Wort: Erledigt!

Fajitas with New Mexican Red Chili Sauce

Gebratene Fleischstreifen mit Tortillas

Für 4–6 Personen

ZUTATEN
250 g Beiried
1 ganze Hühnerbrust
Saft einer Limette,1 EL Chilipulver
1 EL Olivenöl
1 EL Balsamico-Essig, Salz, Pfeffer
Cheddar oder anderer Käse
Tomaten, Salat, Koriander
8 bis 10 Tortillas, je 1 roter, gelber und grüner Paprika
1 Zwiebel, Crème fraîche

ZUTATEN SAUCE
3 bis 4 EL Olivenöl
2 EL Mehl
500 ml Hühnersuppe
6 EL New Mexican Red Chili Powder

1. Den Saft der Limette mit 1 EL Olivenöl dem Balsamico-Essig, Chilipulver, Salz und Pfeffer vermischen. Das Fleisch damit marinieren. Abtropfen lassen und auf einer Grillplatte beidseitig scharf anbraten. Backrohr mit Umluft auf ca. 225 Grad vorheizen und das Fleisch darin warm stellen. Tortillas beidseitig in einer Pfanne anbraten. Ebenfalls warm stellen.
2. Das Öl für die Sauce in einem kleinen Topf erhitzen. Mehl zufügen und mit der Suppe aufgießen, bevor es braun wird. Aufkochen lassen, dann die Hitze reduzieren und das Chilipulver zufügen. Zu einer cremigen Sauce verrühren. Gemüse in Streifen schneiden und in ein wenig Öl anbraten.
3. Das Fleisch, Gemüse, Zwiebel und Käse in Streifen schneiden. Auf Tellern anrichten. In die Tortillas einwickeln und mit der Sauce und Crème fraîche reichen. Gehackte Korianderblätter darüberstreuen.

TIPP
Dieses Gericht kann man auch mit gegrillten Garnelen ergänzen.

Chevalier 2008, Weingut Iby – Österreich

FAJITAS WITH NEW MEXICAN RED CHILI SAUCE

8–10 FLOUR TORTILLAS
250 G. BEEF
1–2 WHOLE BONELESS CHICKEN BREAST

MARINADE:
- LIME (JUICE OF ONE LIME)
- 1 TSP. CHILI POWDER (COARSE WORKS TOO)
- CUMIN, SALT, PEPPER
- 1 TBS. OLIVE OIL
- 1 TBS. BALSAMICO

SAUCE:
- 3–4 TBS. OLIVE OIL
- 2 TBS. FLOUR
- 500 ML. CHICKEN STOCK
- 6 TBS. NEW MEXICO RED CHILI POWDER
- SALT

RED, ~~YEL~~ YELLOW, GREEN PEPPERS ("PAPRIKAS")
ONIONS / GREEN ONIONS
OIL

GRATED CHEESE (CHEDDAR, MONTEREY JACK, WHATEVER)
SOUR CREAM, TOMATOES, LETTUCE, CILANTRO

PUT THE TORTILLAS INTO TIN FOIL AND INTO THE OVEN TO WARM. MIX ALL THE MARINADE INGREDIENTS TOGETHER AND POUR OVER THE MEAT. LET IT SOAK IN WHILE PREPARING THE SAUCE: HEAT THE OIL, ADD THE FLOUR AND LET IT COOK 'TIL IT BEGINS TO TURN BROWN, THEN ADD THE BROTH. LET THIS THICKEN, THEN TURN DOWN THE HEAT TO VERY LOW. ADD THE CHILI AND STIR OCCASIONALLY BUT DON'T LET IT BOIL.
SEAR THE MEAT IN A GRILL PAN THEN PLACE THE ENTIRE PAN INTO THE OVEN (225°C). HEAT THE OIL, FRY THE VEGGIES; SLICE THE FINISHED MEAT AND PLACE NEXT TO VEGGIES IN THE HOT PAN. EVERYTHING GOES ON THE TABLE TO BE WRAPPED IN TORTILLAS.

Graz – Ohne Chili geht gar nichts.
Die scharfen Zutaten sind es, die Kurt Streit das Kocherlebnis versüßen.

Juha Uusitalo

Bassbariton, Finnland

Der humorvolle Finne bringt die Sache auf den Punkt: „Ich bin ein großer Koch, allerdings mit eingeschränktem Repertoire."

Das kulinarische Wissen des in Vaasa, einer Hafenstadt am Bottnischen Meerbusen, geborenen Bassbaritons beruht auf Familienrezepten und auf der Lektüre verschiedenster Kochbücher und -zeitschriften. Zwar hat seine Freundin in der Küche das Zepter, oder besser gesagt den Kochlöffel, in der Hand, aber ganz will er ihr dieses Feld dann doch nicht überlassen.

Gemeinsam mit seiner Küchenchefin experimentiert der diplomierte Flötist daher an neuen Speisen, die auch bei den gemeinsamen Freunden auf große Begeisterung stoßen.

Was ich auf keinen Fall esse:
Innereien, ansonsten bin ich für alles offen.
Heißhunger:
Zum Überleben brauche ich Joghurt mit Müsli und Kaffee.
Das findet man immer in meinem Kühlschrank:
Kaffee, Milch, Eier, Naturjoghurt, Hart-, Weich- und Blauschimmelkäse, Fischstäbchen, Huhn, Tabasco, Äpfel, Bananen, Vanille- oder Schokoladeneis.
Wen ich gern zum Essen lade:
Meine größten Idole hätte ich gerne geladen, David Oistrach und Luciano Pavarotti.
Mein Motto:
Carpe diem – nutze den Tag.

Juhan-Rukinen-Pizza

Roggen-Pizza mit Faschiertem

Für 4 Personen

ZUTATEN
3 EL Roggenmehl
4 EL Weizenkleie
200 g Topfen
300 g Emmentaler gerieben
2 Eier
1 TL Backpulver
400 g faschiertes Rindfleisch
4 bis 5 Zehen Knoblauch
100 ml Ketchup
3 EL Olivenöl
ein wenig getrockneter Oregano
Salz, Pfeffer

1 Das Mehl und die Weizenkleie in einer großen Schüssel gut vermischen. Die Eier, den Topfen, das Backpulver und 200 g geriebenen Emmentaler untermischen.

2 Den Teig auf einem mit Backpapier ausgelegten Backblech bis an die Ränder dünn aufstreichen. Im Backrohr bei 200 Grad ca. 10 Minuten backen.

3 Inzwischen die Knoblauchzehen fein schneiden und in Olivenöl dünsten, Fleisch zufügen und gut anbraten.

4 Backblech aus dem Ofen nehmen, das Ketchup auf dem Teig gleichmäßig dünn verstreichen und das gut durchgebratene Faschierte darüber verteilen. Salzen und pfeffern. Den restlichen Emmentaler darüberstreuen und weitere 15 Minuten fertig backen.

5 Pizza aus dem Ofen nehmen und in rechteckige Stücke schneiden.

TIPP
Nach Geschmack mit frischem Thymian, Majoran oder Basilikum bestreuen.

Purple Angel 2007, Montes SA – Chile

Wien – Mit einem soliden Kochrepertoire im Gepäck kann Juha Uusitalo jederzeit seinen Hunger stillen.

JUHAN RUKIINEN PIZZA
(TORELLA VÄHÄ HIILAREETA!)

POHJA: 1 prk MAITORAHKAA
1 pussi EMMENTAL JUUSTORAASTETTA (150 g)
2 KANANMUNAA
4 rkl VEHENÄLESETTÄ
3 rkl RUISJAUHOA
1 tl LEIVINJAUHETTA

- SEKOOTA KAIKKI AINEET KESKENÄÄN JA LEVITÄ UUNIPELLILLE TASAASEKSI LEVYKSI.
- PAA UUNIHIN (200°C) 10 min.
- OTA POIS JA PAA PÄÄLLE MITÄ HALUAT

PÄÄLLE: 300 g PAISTETTUA JAUHELIHAA, ALLE KETSUPPIA. MAUSTEHIA MAUN MUKAHAN

→ TAKAASI UUNIHIN 10–15 min.
VALAMIS!

HYVÄÄ RUOKAHALUA!

Juha

Ekaterina Bakanova

Sopran, Russland

Der Karriere wegen zog die zierliche Russin mit 16 Jahren allein aus ihrer Heimatstadt Mednogorsk im Ural ins 2000 Kilometer entfernte Moskau, um am dortigen Konservatorium zu studieren. „Das Einzige, was ich mir bis dahin selbst zubereitet habe", sagt die hochbegabte Sopranistin, „war ein Rührei. Aber mir blieb nichts anderes übrig, als selbst zu kochen." Ihren Hunger stillte sie mit stets gleichen Pfannengerichten, die aus Kartoffeln, etwas Fleisch, Zwiebeln und Kraut bestanden. Übermannte sie kulinarische Verzweiflung, ließ sie sich von ihrer Mutter am Telefon neue Rezepte durchgeben und in deren Zubereitung instruieren.

Heute kocht Bakanova gern russisch, Risotto und Nudelgerichte und wagt erste Versuche in der japanischen Küche. „Auf Kalorien achte ich schon, aber ich kasteie mich nicht. Wenn es mir zu gut schmeckt, esse ich am nächsten Tag nichts oder zumindest weniger", sagt die figurbewusste Russin.

Was ich auf keinen Fall esse:
Muscheln und Austern, dagegen bin ich allergisch.
Heißhunger:
Ich trinke Wasser, um meinen Körper abzulenken. Danach esse ich einige Oliven, Prosciutto oder Früchte, aber auch weiße Schokolade mit Haselnüssen.
Das findet man immer in meinem Kühlschrank:
Artischocken, Huhn, Eier, Butter, Parmesan, Ananassaft, Prosciutto, Brokkoli, Reis, Spargel, Tomaten, Öl, Fisch, Thunfisch.
Wen ich gern zum Essen lade:
Könnte ich Opern gestalten, würde ich gerne Franco Zeffirelli laden, um mit ihm über die Wünsche und Bedürfnisse der Sänger zu sprechen.
Mein Motto:
So wie es kommt, nehme ich es!

Crêpes mit Kaviar

Für 4–6 Personen

ZUTATEN
½ l Milch
250 g Mehl
4 Eier
1 TL Salz
50 g Butter zerlassen
Kaviar nach Geschmack

1 Eier, Milch, Mehl und Salz in einer Schüssel zu einem glatten Teig vermengen.

2 In einer Crêpes-Pfanne ein wenig Butter erhitzen und eine sehr dünne Palatschinke herausbacken. Die Palatschinke auf einen Teller legen und eventuell noch kurz warm halten. Wiederholen, bis der ganze Teig verbraucht ist.

3 Die Crêpes auf Tellern anrichten und den Kaviar darauf verteilen.

TIPP
Crème fraîche dünn auf die Crêpes streichen, mit geschnittenem Schnittlauch bestreuen, aufrollen, und in Streifen geschnitten als Fingerfood servieren.

Sauvignon Blanc Hochgrassnitzberg 2007,
Weingut Erich & Walter Polz – Österreich

Русские блины с икрой

Состав:

тесто – 1л. молока
400г. муки
2 яйца
щепотка соли
щепотка сахара

Икра черная или красная по-вкусу
сливочное масло, оливковое масло.

Рецепт приготовления:

1. Разогреть до максимума сковороду.
2. Смазать ее небольшим количеством оливкого масла (или подсолнечным по вкусу)
3. В отдельной миске смешать ингредиенты для теста. Масса не должна быть ни жидкой, ни слишком густой, хорошо взбитой, промешанной.
4. Небольшими порциями заливать в сковороду тесто. Как только блин начнёт становится коричневым, необходимо ловко перевернуть его и дать обжариться с другой стороны.
5. Подавать горячими, предварительно смазав сливочным маслом.
6. Если нет икры, можно использовать мёд, творог, мармелад и т.д.

С любовью из России

Wien – Lediglich die wichtigsten Schritte notiert sich Ekaterina Bakanova, um ein neues Gericht zu kochen, alles andere entscheidet sie spontan und intuitiv.

Joseph Calleja

Tenor, Malta

Der dynamische Südländer ist ein Meister am Grill. Wenn er von seinen Auftritten nach Malta zurückkehrt, dürfen sich Freunde und Familie auf lange Grillabende freuen. „Ich wähle dafür nur die frischesten Meeresfrüchte am Fischmarkt aus, kaufe Gemüse, befeuere den Griller, um dann zur Freude meiner Gäste zu improvisieren“, lacht der Tenor.

Auf Reisen kocht Calleja, der viel lieber in Gesellschaft als allein isst, seltener. Sein Frühstück mit Eiern, Cornflakes, Müsli und Kaffee bereitet der sportbegeisterte Sänger allerdings täglich selbst zu. Hat er einmal keine Lust, in einer fremden Stadt außer Haus zu gehen oder steht er am Abend auf der Bühne, gibt's Pasta mit Olivenöl und Butter.

Was ich auf keinen Fall esse:
Ich probiere alles.

Heißhunger:
Einen Tag in der Woche esse ich, was ich möchte, ohne Rücksicht auf Kalorien und Gesundheit. Dann gibt's Hamburger oder Steak.

Das findet man immer in meinem Kühlschrank:
Parmesan, Orangensaft, Prosciutto di Parma und Milch.

Wen ich gern zum Essen lade:
Definitiv Oscar Wilde, wenn er nur noch lebte.

Mein Motto:
Behandle jeden mit Respekt und versuche ehrenhaft zu sein.

Gegrillte Dorade

Für 4–6 Personen

1 Die Fische gut mit Meersalz einreiben. Knoblauch klein schneiden, Petersilie fein hacken. Die Fische mit dem Knoblauch und der Petersilie füllen. Mit Öl und Zitronensaft beträufeln.

2 Backblech mit Alufolie belegen und die Fische nebeneinander schlichten und in Folie einschlagen.

3 Im vorgeheizten Backrohr bei ca. 180 Grad 20 Minuten braten.

4 Mit gekochten Kartoffeln servieren.

ZUTATEN

3 frische Doraden, ausgenommen und geschuppt
3 Knoblauchzehen
3 Zitronen
1 Bund Petersilie
4 EL Olivenöl
2 EL Meersalz
Kartoffeln

TIPP

Als Beilage zu empfehlen wäre Ratatouille-Gemüse, in Ölivenöl gebraten.

Riesling Wunderburg 2008,
Weingut Pichler-Krutzler – Österreich

Awrat il-forn

Ingredjenti – Awrat
– Tewm
– Meraq tal-lumi
– Żejt taż-żebbuġa extra Virgin
– Inbid abjad
– Bżar u melħ
– Tursin

Naddaf l-awrat frisk u aħslu bl-ilma tal
baħar jekk huwa possibbli. Għorku lill melħ
minn ġewwa w minn barra. Qatta ftit tewm
u tursin w imla żaqq il-ħuta bihom. Żid
extra virgni
mgħarfa żejt taż-żebbuġa ta' kwalita tajba.
w mgħarfa inbid abjad fuq il-ħut w xerred
Għasar lumija sħiħa
ftit bżar ħemm minn ġewwa w minn barra.
Għatti il-barra kollha tal-ħuta bl-
aluminium foil w daħħal ġo forn sħun
180°C. Ħalli l-ħut isir għall madwar
20 minuta. Malli jsir servi l-ħut bil-lumi
w iż-żejt taż-żebbuġa.

Wien – Joseph Calleja freut sich immer wieder auf seine Rückkehr nach Malta, um für seine Freunde die besten Meeresfrüchte zu grillen und gemeinsam das Glas zu erheben.

Simon Keenlyside

Bariton, Großbritannien

Ich bin ein Zigeuner und viel unterwegs. Ich kann nur deshalb ein wenig kochen, weil mich irgendwann der Hunger übermannt und dann schnell etwas auf den Tisch muss“, sagt der international gefragte Bariton. Dennoch ist die Küchenarbeit für ihn keine lästige Pflicht, sondern willkommene Entspannung nach anstrengenden Bühnenproben. Auf Tournee steht der Londoner jeden zweiten Tag in der Küche, zuhause hingegen wird gemeinsam mit seiner Frau täglich frisch gekocht. Von Kochkursen oder Kochbüchern hält der Sänger wenig. Er greift in der Küche lieber auf seinen Erfahrungsschatz zurück. Dementsprechend lautet seine Devise auch „learning by doing“. Zu tun gibt es aber noch eine Menge, gibt der Naturliebhaber zu: „Mein Kochrepertoire ist eher eingeschränkt.“

Was ich auf keinen Fall esse:
Kutteln oder Schafsaugen, wie im Mittleren Osten – nein danke!

Heißhunger:
Brot und Früchte, einfach alles was ich finden kann.

Das findet man immer in meinem Kühlschrank:
Basics für verzweifelte Situationen: Bier, frische saisonale Früchte, Salate, regionalen Käse und eine Flasche Rotwein.

Wen ich gern zum Essen lade:
Einen Cromagnon-Mann, um ihn über seine Welt zu löchern, über die Tiere, die sie kannten und warum sie ausstarben, über seine Einstellung zu Gott usw.

Mein Motto:
Illegetimi non carborundum – lasst euch von den Bastarden nicht unterkriegen!

Fish Pie

Fischauflauf

Für 6–8 Personen

ZUTATEN

800 g Weißfischfilet (z. B. Dorsch)
2 kg Kartoffeln (mehlig)
3 bis 4 kleine weiße Zwiebeln
2–3 Knoblauchzehen
1 l Milch, 50 g Mehl
3 hart gekochte Eier
250 g Cheddar, 400 g Shrimps
1 EL Kapern
Muskat, gemahlen
ca. 100 g Butter, Rucola, Petersilie
Salz, Pfeffer
gemischte getrocknete Kräuter

1 Die Kartoffeln schälen und in Würfel schneiden. In kochendem Wasser bissfest kochen. Für das Kartoffelpüree gut zerstampfen.

2 Zwiebeln in feine Ringe schneiden. Knoblauch klein schneiden und in etwas Butter dünsten. Mit den Kräutern vermischen.

3 Für die Einbrenn 50 g Butter in einer Pfanne heiß werden lassen, das Mehl zufügen. Gut durchrühren und mit ein wenig Milch binden.

4 Die übrige Milch mit ein paar Butterflocken und dem Fisch in eine ofenfeste Form geben. Salzen und pfeffern und ca. 20 Minuten im Backrohr bei 200 Grad backen. Aus dem Ofen nehmen, die Milch abgießen und beiseitestellen. Den Fisch in Stücke teilen und die Zwiebelringe und die Einbrenn darüber verteilen. Die Shrimps einstreuen. Die Eier in Spalten schneiden und darauflegen. Danach 1 EL Kapern einstreuen und die beiseitegestellte Milch darübergießen. Darauf Rucolablätter verteilen und den Kartoffelbrei auf dem Auflauf verstreichen. Cheddar-Käse hobeln und zum Gratinieren auf den Pie streuen. Im 200 Grad heißen Backrohr 40 Minuten backen. Mit gemahlenem Muskat und kleingehackter Petersilie bestreuen. Danach noch 10 Minuten im Backrohr rasten lassen.

TIPP

Frische Kräuter wie Kerbel, Basilikum oder Majoran geben Ihrem Gericht eine persönliche Note.

Gloria 2007, Weingut Kollwentz – Österreich

Fish pie.

Ingredients

- Fresh Parsley.
- Salt / pepper / Nutmeg / herbs
- 1 table-spoon Lemon Juice.
- 3 small onions
- 25 g. strong cheddar cheese.
- Spinach / Rucola.
- 2 bay leaves.

- 800 grams white fish
- 1 Litre Semi-skimmed milk.
- 110 g Butter
- 50 g flour.
- 400 g Prawns
- 3 hard-boiled eggs
- 1 table spoon Capers.
- 2 kilos potatoes.

Preheat the oven to 200°C. Grease the baking-tin & add the fish fillets and ⅓ litre of the milk. (Salt & pepper & flecks of butter, to taste.) Cook in the oven for 20 minutes & remove and separate the fish from the liquid. Roughly break the now cooked fish into smaller pieces & add the Capers, then bay leaves, the Prawns, Rucola, the 3 roughly-chopped boiled eggs, and fresh Parsley.

Heat the 50 grams of butter and stir-in the flour to form a paste. Slowly add that paste to the separated fish liquid and, when thoroughly mixed, add ... return to the fish in the baking tin. Add another ⅓ litre of milk atop the whole.

Meanwhile, boil & mash the potatoes & cream them, adding salt, pepper & milk.

In order that the onions are not too crunchy, fry them for 2-3 minutes with garlic & herbs & add to the mix.

Place the potatoes over the whole mixture & spread evenly, sprinkling the Nutmeg & grated Cheese on top. Put in the oven for 40 minutes, or until the top is brown.

Simon Keenlyside

München – Das Werken in der Küche ist für Simon Keenlyside eine willkommene Entspannung nach dem Proben- und Auftrittsstress.

Michael Schade

Tenor, Deutsch-Kanadier

Mein Vater hat in mir die Leidenschaft zum Kochen geweckt. Wenn du quer durch die Welt von Opernhaus zu Opernhaus reist und nicht andauernd in Lokalen sitzen möchtest, bist du schnell damit konfrontiert, deine Leibspeisen selbst kreieren zu müssen“, grinst der Deutsch-Kanadier Michael Schade.

Gibt der humorvolle Tenor eine Vorstellung, stimmt er sich mit der immer gleichen Pastakomposition darauf ein: Mozzarella, Tomaten, Basilikum und Prosciutto. Für die Kinder kocht Schade Pasta Alfredo (Penne, Ei und Parmesan) oder alla carbonara (Speck, Ei und Erbsen). Am liebsten steht er mit seiner Frau Dee in der Küche. Davor wird gemeinsam eingekauft. „Ich liebe die Atmosphäre großer Märkte, darum gustieren wir am liebsten auf dem Wiener Naschmarkt. Zuhause kochen wir dann groß auf“, erzählt Schade.

Was ich auf keinen Fall esse:
Ich bin neugierig, darum probiere ich alles.
Heißhunger:
Wiener Schnitzel oder Putenstreifensalat.
Das findet man immer in meinem Kühlschrank:
Milch, Schwarzbrot, Topfen, Marmelade, Pfirsichjoghurt, Basilikum, Tomaten, Ziegenkäse, Kaffee, Gemüse und Salat.
Wen ich gern zum Essen lade:
Die ehemalige österreichische Außenministerin Ursula Plassnig, weil ich sie grandios finde und ihre politische Meinung schätze. Auch Anna (Netrebko), Natalie (Dessay) und ihre Kinder sind stets gern gesehene Gäste. Ich bewundere sie, weil sie beide trotz Divenstatus großen Wert auf die Familie legen. Ich finde sie toll.
Mein Motto:
90 Prozent der Gesundheit findet im Kopf statt, 100 Prozent der Gesundheit hängt vom Herzen ab, so viel wie möglich mit Familie durch die Welt reisen und im Notfall Kopf einziehen und durch.

Lachs Filets Canadian Style

ZUTATEN LACHS
4 Lachsfilets ohne Haut, je 180 g
3 EL gehackte Walnüsse, ein paar Pekannüsse halbiert
3 EL Honig
3 EL Ahornsirup
2 EL Butter
½ EL Dijonsenf, Petersilie

ZUTATEN BEILAGEN
1 Bund Babykarotten, 200 g grüne Bohnen
1 EL gehackter Ingwer
1 EL gehackter Rosmarin
2 EL Butter
Wildreis, pro Person ca. 60 g
Salz

Für 4 Personen

1 Die Butter erhitzen und die gehackten Walnüsse, Pekannüsse, Honig und Ahornsirup zufügen und vermischen. Bei geringer Hitze ca. 3 Minuten rühren und den Senf untermischen.

2 Die Lachsfilets von Haut befreien. Den Fisch in eine ofenfeste Form legen und mit der Hälfte der Sauce bestreichen. Im vorgeheizten Backrohr bei ca. 120 Grad ca. 12 Minuten backen.

3 Die Babykarotten und die grünen Bohnen in Salzwasser bissfest kochen. 2 EL Butter erhitzen und den Ingwer darin anschwitzen. Die Karotten zufügen und mit Rosmarin verfeinern. Grüne Bohnen leicht salzen.

4 Den Reis bissfest kochen.

5 Die Lachsfilets mit dem Reis und dem Gemüse auf Tellern anrichten und die restliche Sauce darauf verteilen. Mit Petersilie dekorieren.

TIPP
Damit der Wildreis schneller gart, kann man ihn schon am Vortag in Wasser einlegen.

Sauvignon Blanc Merveilleux 2008,
Weingut Erwin Sabathi – Österreich

Lachs Filets Canadian Style

"Oh Canada"

Salmon with a maple syrup, honey and pecan sauce

served with a mix of longgrain + wild rice, ginger-rosemary carrots,

3 tablespoons of chopped pecans
3 " of honey
3 " of maple syrup
2 " of butter
½ teaspoon of dijon mustard

4 - 4oz Skinless salmon filets
finely chopped fresh curly parsley to garnish
1 tablespoon of chopped fresh ginger
1 tablespoon of chopped fresh Rosemary
1 bunch of baby carrots
½ tablespoon of butter

pre heat oven to 425 F or 200 Celsius

In a small non-stick frying pan set over medium heat, toast chopped pecans for 3 minutes. Stir in honey, maple syrup + butter. Reduce heat to a low simmer and cook for three minutes. REMOVE from heat and whisk in the mustard. Cool just slightly. Place salmon on prepared lightly greased baking pan, pour only half the mixture divided into 4 onto each salmon filet. Bake for 10 mins for each inch (1.5cm) of thickness.

Serve on a bed of mixed wild rice and the ginger-rosemary carrots (Cook carrots al dente, meanwhile slightly cook the ginger + rosemary in butter - throw in carrots - voila!)
When all is assembled top with remaining half of the mixture and garnish with parsley - drink a good chardonnay with it!!!

Can also be served as a high protein meal with tossed greens in dijon + olive oil dressing and the carrots - therefore eliminating any carbs

PS: "Go Leafs Go"

Dream of the Maple Leafs winning the Stanley Cup
Dream of swimming in Georgian Bay or catching your own salmon off Salt Spring Island, dream of great summers and winters in a land filled with opera singers!
Have fun Love Michael

Wien – wenn Michael Schade einmal bei einem Gericht nicht weiterweiß, skypt er rund um den Globus mit seiner Frau in Kanada, um die notwendigen Kochschritte detailliert erklärt zu bekommen.

Neil Shicoff

Tenor, Amerika

Neil Shicoff geht nicht nur auf der Opernbühne in seinen Rollen auf, sondern auch in der Küche. Bedächtig wendet er sich der Teppanyaki-Grillplatte zu, zieht die scharfe japanische Klinge aus seinem Messerhalfter, beugt sich konzentriert über die fünf brutzelnden Scampi, die er mit einer langen Gabel fixiert, bevor er sie mit einem präzisen Schnitt ihrer Schwanzenden entledigt. Hier ist ein Könner am Werk, kein Zweifel. Der New Yorker hat Spaß in der Küche, wenn auch nur als Gaststar. „Zum Überleben reicht es allemal.
Mein Kochrepertoire ist aber begrenzt", kokettiert der Startenor mit seinem Koch-Know-how. Der wahre Meister am Herd im Hause Shicoff ist aber seine Frau, für die er hin und wieder niedrige Küchendienste wie Einkaufen und Schneidearbeiten erledigt.

Was ich auf keinen Fall esse:
Ich esse sehr selten Fleisch. Fünf Mal im Jahr ist genug.
Heißhunger:
Ich liebe Reis und Brot.
Das findet man immer in meinem Kühlschrank:
Weißwein, Butter, saisonales Gemüse, Joghurt, Magermilch, und für japanische Gerichte harren meine Essstäbchen im Eiskasten ihres Einsatzes.
Wen ich gern zum Essen lade:
Winston Churchill, das versteht sich von selbst.
Mein Motto:
Gib nie, aber auch wirklich nie auf!

優月
YUGETSU

Teppanyaki

Gegrillte Meeresfrüchte mit Reis und Gemüse

Für 4 Personen

1 Sonnenblumenöl auf einer Grillplatte erhitzen. Fisch und Muscheln beidseitig braten. In einem kleinen Topf die Butter erhitzen und mit Sojasauce, weißem Pfeffer und Reiswein verrühren. Die Sauce über den Fisch und die Muscheln träufeln.

2 Spinat putzen und waschen. Knoblauch fein schneiden. Auf der Grillplatte mit ein wenig Sesamöl anbraten und mit dem Spinat vermischen. Fertig garen. Zucchini in Scheiben schneiden und beidseitig anbraten.

3 Jungzwiebeln in feine Ringe schneiden. In ein wenig Öl anbraten. Eier verquirlen und auf der Platte mit etwas Butter zu einem Omelette braten. Den gekochten Reis und die Jungzwiebeln daruntermischen. Nach Geschmack noch Knoblauch zufügen.

ZUTATEN

240 g Lachs
240 g Heilbutt
8 Jakobsmuscheln
1 Zucchini, in Scheiben geschnitten
360 g frischer Spinat
Sesamöl, Sonnenblumenöl
Butter, Sake (Reiswein)
weißer Pfeffer, Sojasauce
200 g Reis
Salz, Pfeffer, Knoblauch nach Geschmack
1 Bund Jungzwiebeln
4 Eier

TIPP

Flambieren Sie die Fische nach dem Braten mit Reisschnaps.

Corton-Charlemagne Grand Cru 2006, Domaine Bonneau du Martray – Frankreich

Teppanyaki

Ingredients for 4 persons:
Salmon - 60 gr. for each, halibut - 60 gr. for each, scallops - 2 pieces for each, shrimps - 2 pieces for each, fresh zuccini - 2 slices for each, fresh spinach - 90 gr. for each, sesame oil, sunflower oil, soya sauce, butter, sake (rice wine), white pepper, 200 gr. white rice, salt, pepper, garlic (as much as you like), bunch of spring onions, 4 eggs - 1 for each.

Seafood and white wine sauce:
sunflower oil in the pan, grill all seafood on both sides till well done (color changes). Butter in heated pan (130°C) than bring soya sauce with white pepper and sake together, mix it up, on the seafood.

Spinach:
wash and drip dry spinach. fry with oil, butter, soya sauce and sake, mix it up, ready.

Fried rice:
slice thin 400 gr. of the spring onions and garlic, as much as you want. Heat pan, put in oil, beaten eggs, fry them until done & mix it with 50 gr. boiled rice, put white pepper & salt - a little soya sauce - 2 teaspoons, butter - 1/2 teaspoon, sesame oil - 1/4 teaspoon, sesame oil - 1/4 teaspoon and sake - 1 teaspoon on, mix it and put finally the tiny sliced spring onions, and if you like - I love it! - garlic.

*Don't forget the white wine!

Neil Shicoff

Wien – Nur wenn es sich nicht verhindern lässt, greift auch Neil Shicoff zum Kochlöffel, um seinen Hunger zu stillen.

Rainer Trost

Tenor, Deutschland

Mein kulinarisches Schlüsselerlebnis", lacht der schwäbische Tenor, „war die deutsche Bundeswehr. Wie die kochen – so geht's gar nicht!" Ein Trauma, das der Stuttgarter während seines Gesangsstudiums in München verarbeitete, indem er sich mit Kochbüchern eindeckte. Klar, dass nicht sofort alles gelang wie erwünscht. Aber der Weg war das Ziel.

Heute hat er an die sechzig Speisen im Repertoire. Am liebsten kocht Trost für seine Familie auf. Auf Reisen hingegen geht er lieber in Restaurants essen. „Für eine Person zu kochen, das ist so eine Sache. Da esse ich wenig, fast nur Obst, zumeist Bananen, gehe lieber ins Fitnessstudio und nur einmal am Tag essen", meint Trost. Kein Wunder, dass er auf den Tourneen regelmäßig bis zu drei Kilo verliert. Ein Zustand, der aber nicht lange anhält. Daheim in Wien päppelt ihn seine Frau zuverlässig wieder auf. Von den Feinschmecker-Menüs, die er höchstpersönlich auftischt, ganz zu schweigen.

Was ich auf keinen Fall esse:
  Nichts.
Heißhunger:
  Schokoriegel mit Nüssen und Keksen.
Das findet man immer in meinem Kühlschrank:
  Käse (Münster, Vacherin), Salami, Bier, Kaffee, Joghurt (mit Pflaumengeschmack).
Wen ich gern zum Essen lade:
  Lion Feuchtwanger hätte ich gerne eingeladen, um über sein packendes Buch „Goya oder der arge Weg der Erkenntnis" zu diskutieren.
Mein Motto:
  Nicht was man macht ist wichtig, sondern wie man es macht.

Temaki Sushi

Für 4–6 Personen

ZUTATEN SUSHIREIS
4 Tassen Reis (Rundkornreis oder Sushireis)
4 EL Zucker
ca. 0,2 l Weißweinessig, eine Prise Salz

ZUTATEN SUSHIROLLEN
2 Packungen (à 10 Blatt) Yaki Nori (Seetang)
Sojasauce, Wasabipaste
Gari (eingelegter Ingwer)
Bambusmatte zum Rollen der Maki Sushi

ZUTATEN FÜLLUNGEN
1 Packung geräucherter Lachs
2 Dosen Thunfisch, 1 gehackte Zwiebel, Mayonnaise
4 Eier und Zucker für ein süßes Omelette
1 Avocado, 1 Dose Lachskaviar
weitere Zutaten nach Belieben

TIPP
Sehr gut als Füllung eignen sich auch Roastbeef oder gekochter Schinken.

1 Den Zucker in Essig auflösen und ein wenig salzen. Den Reis körnig kochen und mit der Essiglösung vermengen.

2 Ein Seetangblatt auf eine ausgerollte Bambusmatte legen und dieses nur zu ¾ (nicht zu dick) mit Reis belegen. Etwa in der Mitte eine Rille mit dem Finger formen und mit Wasabi bestreichen. Füllung nach Belieben auflegen und mithilfe der Bambusmatte einrollen. Ein paar Mal hin- und herrollen, damit die Rolle Form annimmt. Mit einem sehr scharfen Messer in Stücke schneiden.

3 Ein ganzes Seetangblatt nicht zu dick mit Reis belegen und quer darüber die Füllungen nach Geschmack verteilen. Seetangblatt zu einer Tüte aufrollen. Was die Füllungen betrifft, ist Kreativität gefragt. Selbst Würstchen machen sich in Temaki Sushi ausgezeichnet.

Grüner Veltliner Loiserberg 2009,
Weingut Jurtschitsch – Österreich

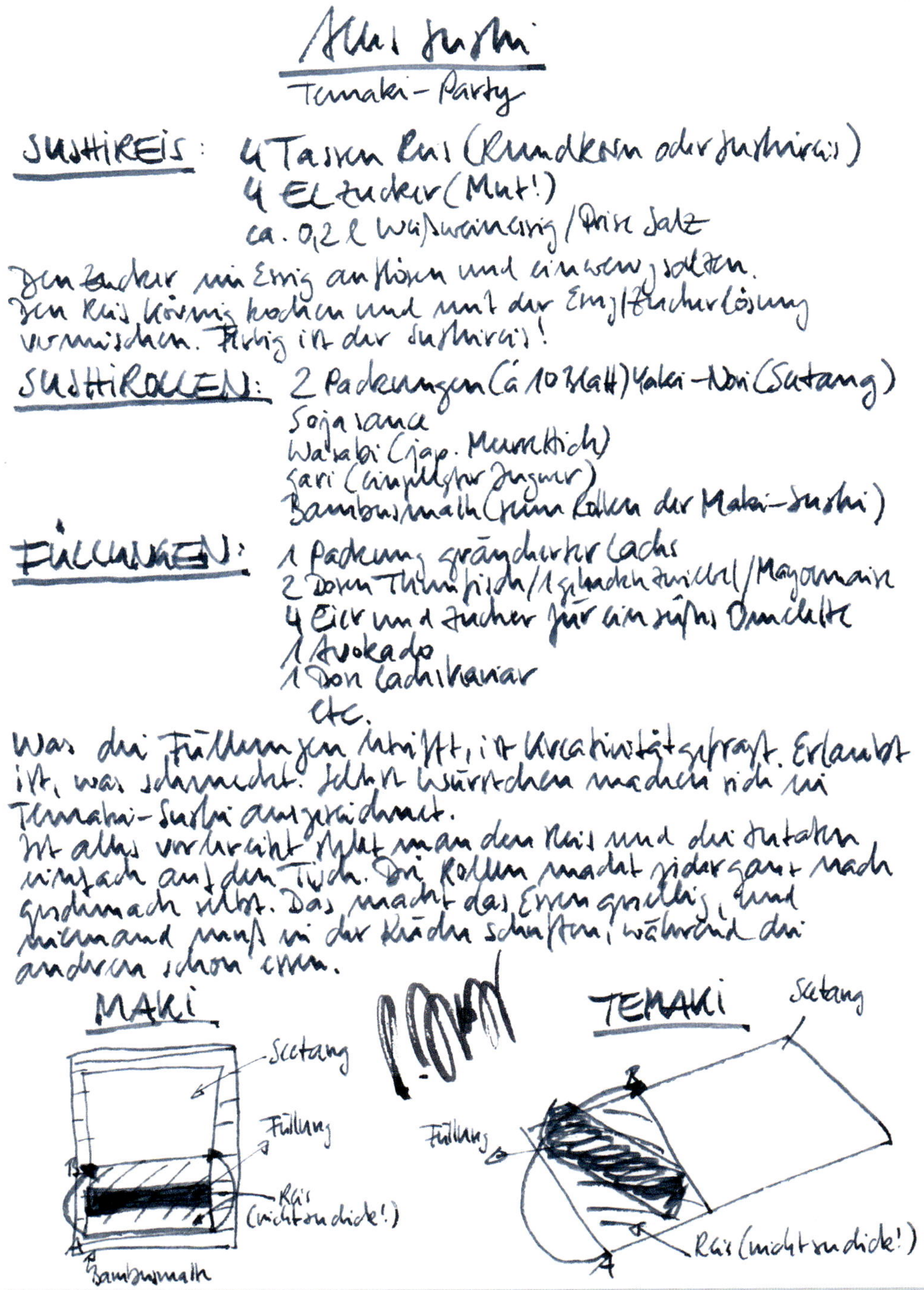

Alles Sushi

Temaki-Party

SUSHIREIS: 4 Tassen Reis (Rundkorn oder Sushireis)
4 EL Zucker (Mut!)
ca. 0,2 l Weißweinessig / Prise Salz

Den Zucker mit Essig auflösen und ein wenig salzen. Den Reis körnig kochen und mit der Essig/Zuckerlösung vermischen. Fertig ist der Sushireis!

SUSHIROLLEN: 2 Packungen (à 10 Blatt) Yaki-Nori (Seetang)
Sojasauce
Wasabi (jap. Meerrettich)
Gari (eingelegter Ingwer)
Bambusmatte (zum Rollen der Maki-Sushi)

FÜLLUNGEN: 1 Packung geräucherter Lachs
2 Dosen Thunfisch / 1 gehackten Zwiebel / Mayonnaise
4 Eier und Zucker für ein süßes Omelette
1 Avokado
1 Dose Lachskaviar
etc.

Was die Füllungen betrifft, ist Kreativität gefragt. Erlaubt ist, was schmeckt. Selbst Würstchen machen sich in Temaki-Sushi ausgezeichnet.
Ist alles vorbereitet, stellt man den Reis und die Zutaten einfach auf den Tisch. Die Rollen macht sich der Gast nach Geschmack selbst. Das macht das Essen gesellig, und niemand muss in der Küche schuften, während die anderen schon essen.

MAKI
Seetang
Füllung
Reis (nicht zu dick!)
Bambusmatte

TEMAKI
Seetang
Füllung
Reis (nicht zu dick!)

Wien – Bei neuen Gerichten hält sich Rainer Trost strikt an Rezeptvorgaben, aber bei den Standards bringt er eigene Ideen ein, um dem Gericht seinen Stempel aufzudrücken.

Heidi Brunner

Sopran, Schweiz

Die in Luzern geborene Schweizerin startet mit einem ausgiebigen Frühstück in den Tag. „Ich mache mir einen Espresso, dazu ein Müsli mit Joghurt, Milch und Früchten. Nebenbei blättere ich Kochbücher durch und überlege mir, was ich heute kochen könnte. Danach geht es zum Einkaufen auf den Wiener Naschmarkt", sagt die Künstlerin. An die 150 Kochbücher nennt Heidi Brunner ihr Eigen und kennt viele davon auswendig. „Die Lektüre inspiriert und entspannt mich. Sie macht mich einfach glücklich", freut sich die Sopranistin.

Gekocht wird immer, und wenn sich Gäste im Hause Brunner und de Billy ankündigen, riskiert sie noch einen Kontrollblick in ihre Bücher, bevor verkocht wird, was der Kühlschrank hergibt.

Was ich auf keinen Fall esse:
Zunge und Innereien.
Heißhunger:
Schweizer Schokolade, die habe ich immer griffbereit.
Das findet man immer in meinem Kühlschrank:
Naturjoghurt, Mozzarella, Tomaten, Fenchel, Karotten, Champagner, Zutaten fürs Käsefondue, Milch, Eier, Butter, Salat.
Wen ich gern zum Essen lade:
Meryl Streep und Juliette Binoche, um mit ihnen über die Wandlungsfähigkeit ihrer Figuren zu sprechen. Keine andere Schauspielerin ist so authentisch wie die beiden.
Mein Motto:
Immer nach vorne schauen.

Käsefondue

Für 4 Personen

ZUTATEN
3 Knoblauchzehen, halbiert
4 cl trockener Weißwein
500 g reifer Greyerzer
200 g Fribourger Vacherin
100 g Appenzeller, mittlere Reife
0,5 cl Kirsch
3 TL Maisstärke
1 kg Weißbrot mit viel Rinde wie z. B. Baguette
1 TL Zitronensaft
Pfeffer, gemahlen
Muskat, gemahlen

1 Käse in einer Küchenmaschine reiben. Das Fonduegefäß mit dem Knoblauch ausreiben. Den Weißwein darin aufkochen und den geriebenen Käse unter ständigem Rühren (als ob man Achter zeichnet) köcheln lassen, bis er sich mit dem Wein bindet.

2 Die im Kirsch aufgelöste Stärke zufügen. Mit Zitronensaft, Pfeffer und gemahlenem Muskat abschmecken.

3 Das Baguette in Stücke teilen und auf Fonduegabeln aufgespießt in den Käse tauchen.

TIPP
Anstelle von Baguette eignen sich auch Roggenvollkornbrot, Weintrauben und in Würfel geschnittene Äpfel und Birnen hervoragend.

Zweigelt 2007, Schwarz Wein – Österreich

Käse Fondue

„Fondue esch guet und get e gueti Luune"

Zutaten
Für 4 Personen

3 Knoblauchzehen halbiert
4dl Weisswein, trocken
500gr. Greyerzer, reif
200gr. Fribourger Vacherin
100gr. Appenzeller, mittlere Reife
3 TL. Maisstärke (Maizena)
0,5 dl Kirsch (variiert je nach Lust)
1 kg Weissbrot mit viel Rinde z. B. Baguette
1 TL Zitronensaft
Pfeffermühle, Muskat

Das Caquelon mit dem Knoblauch ausreiben. Wein dazugeben. Käse mit der Röstiraffel reiben. Weisswein im Caquelon aufkochen, Käse beigeben und unter ständigem Rühren einer 8 (mit Holzkelle) köcheln lassen bis der Käse mit dem Wein verbunden ist. Die im Kirsch aufgelöste Maisstärke ins Fondue geben. Mit Zitronensaft, Pfeffer und Muskat würzen
Dazu Weisswein - Fendant - Fechy - Schwarzer Tee - Kirsch

„E Guete" Heidi Brunner

Wien – An die hundertfünfzig Kochbücher stehen im Regal von Heidi Brunner. Leidenschaftlich und auf hohem Niveau gestaltet sie ihre Menüs. Kein Wunder, dass ihre Freunde stets auf Einladungen hoffen.

Krassimira Stoyanova

Sopran, Bulgarien

Ich liebe es zu kochen", erzählt die bulgarische Sopranistin begeistert und lässt Schafskäsebröckchen gleichmäßig aus ihren Fingern auf die Blätterteiglage ihrer „Banitza" gleiten. „Bei uns zu Hause kochen alle, das hat Tradition. Das Wissen darüber wird weitergegeben und jeder lernt von jedem", erzählt die in Veliko Tarnovo geborene Künstlerin.

Der Herd bleibt im Hause Stoyanova selten kalt, außer natürlich wenn sie mit ihrem Mann für Konzerte im Hotel logiert. Ansonsten bereitet das Paar als eingespieltes Team in der Küche täglich Speisen zu. Gekocht wird nach Gefühl, Erfahrung am Herd haben die beiden bereits genug.

Das Kochen hat auf die quirlige Sängerin eine beruhigende Wirkung. So steht sie gerne am Tag der Vorstellung am Herd und singt die komplette Oper beim Kochen durch. Das spart Zeit und bringt als Belohnung ein gutes Essen, das sie für ihren Auftritt stärkt.

Was ich auf keinen Fall esse:
Austern, Schnecken, aber auch keine Insekten.
Heißhunger:
Radicchio mit Käse oder Lachs, Karfiol, Karotten oder Brot mit Butter und Schafskäse.
Das findet man immer in meinem Kühlschrank:
Butter, Eier, ein bisschen Kosmetik, Superkleber, Schafskäse, Gemüse -- Zucchini, Karfiol, Karotten, Sellerie, Paprika, Tomaten, Milch, selbst gemachtes Joghurt, Vanilleeis.
Wen ich gern zum Essen lade:
Meine lieben Freunde, die ich viel zu selten sehe.
Mein Motto:
Ich habe kein Motto. Ich bin immer sehr ehrlich mit den Leuten und möchte auch so behandelt werden.

Banitza

Blätterteig-Schafskäse-Lasagne

Für 4 Personen

ZUTATEN LASAGNE
12 Lagen Fertigblätterteig
4 bis 5 Eier, Salz
250 bis 300 g Schafskäse, 125 g Butter
250 ml Bier

ZUTATEN SALAT
4 bis 5 Fleischtomaten, kleinwürfelig geschnitten
2 bis 3 Jungzwiebeln
1 Knoblauchzehe, fein gehackt
1 roter Spitzpaprika, klein geschnitten
1 geröstete und geschälte Aubergine, klein geschnitten
1 Bund Petersilie, gehackt
Olivenöl, Balsamico-Essig und Salz

ZUTATEN SAUCE
1 große Gurke, geschält und geschnitten
1 gepresste Knoblauchzehe, 1 Bund Dille, fein gehackt
1 Handvoll gehackte Walnüsse, etwas Olivenöl, Salz, Pfeffer

1 Jeweils ein Teigblatt in eine ausgebutterte, ofenfeste Form legen, eine kleine Menge Schafskäse darauf verteilen. Wiederholen, bis die Blätter aufgebraucht sind.

2 Die Eier mit Bier vermengen, salzen und das Gemisch über die geschichteten Teigblätter gießen. Butter schmelzen und ebenfalls darauf verteilen.

3 Im vorgeheizten Backrohr ca. 30 bis 35 Minuten backen. In Stücke schneiden und mit Sauce und Salat servieren.

4 Eine Marinade aus Öl, Balsamico-Essig und Salz zubereiten. Behutsam mit dem Gemüse vermengen.

5 Alle Zutaten gut vermischen und vor dem Servieren kühlen.

TIPP
Das Bier kann auch durch Weißwein mit einem EL Zucker ersetzt werden.

Comondor 2006, Weingut Nittnaus – Österreich

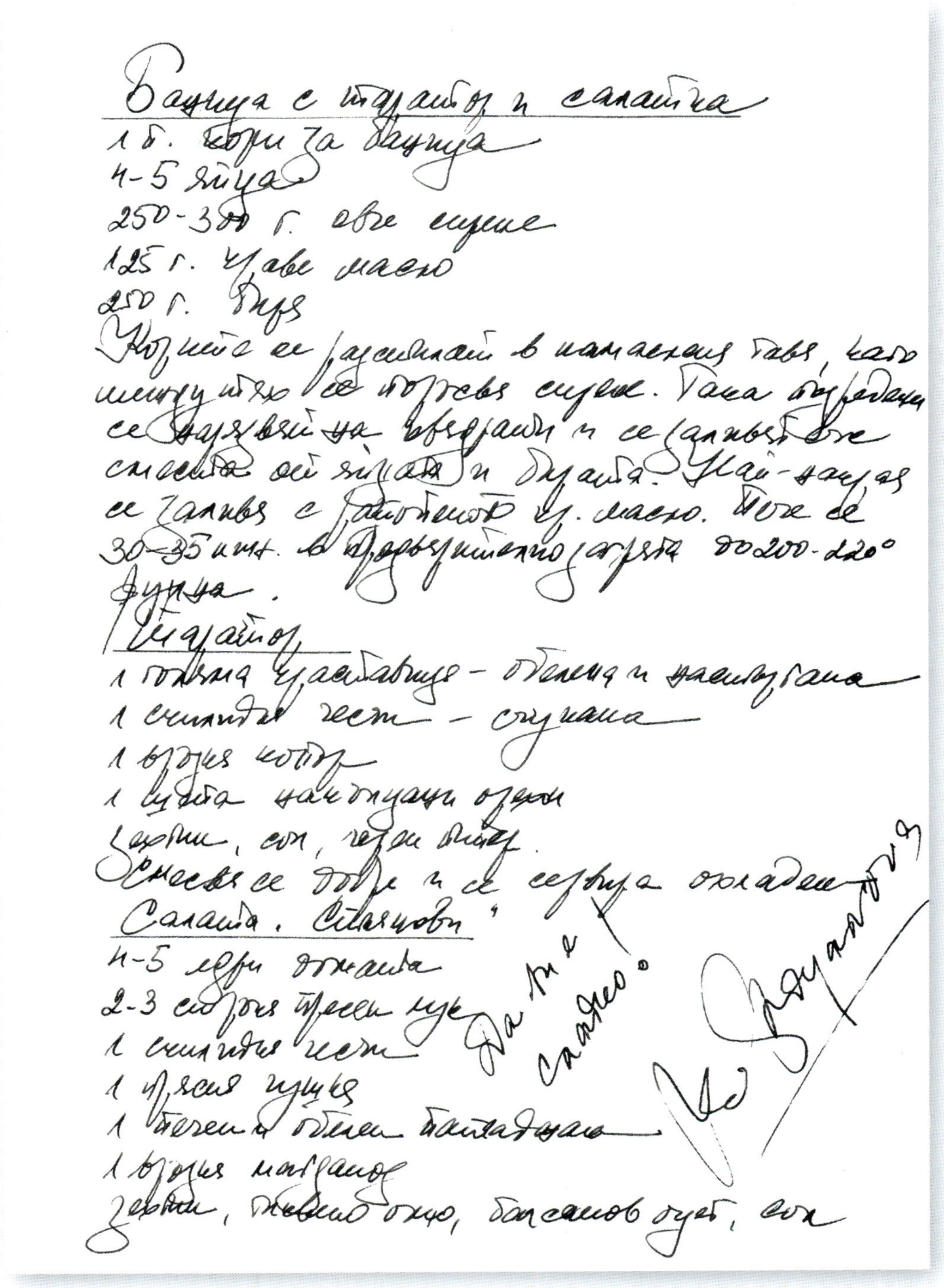

Баница с таратор и салатка

1 п. кори за баница
4-5 яйца
250-300 г. овче сирене
125 г. краве масло
250 г. бира

Корите се разстилат в намазана тава, като между тях се поръсва сирене. Така подредени се нарязват на квадрати и се заливат със сместа от яйцата и бирата. Най-накрая се залива с разтопеното кр. масло. Пече се 30-35 мин. в предварително загрята до 200-220° фурна.

Таратор

1 голяма краставица – обелена и настъргана
1 скилидка чесън – счукана
1 връзка копър
1 шепа начукани орехи
зехтин, сол, черен пипер

Смесва се добре и се сервира охладен.

Салата „Стояновци"

4-5 [illegible] [illegible]
2-3 стръка пресен лук
1 скилидка чесън
1 прясна [illegible]
1 печен и обелен патладжан
1 връзка магданоз
зехтин, винен оцет, балсамов оцет, сол

Да Ви е сладко!

Кр. Стоянова

Wien – Kochen kann bei uns zuhause jeder, erzählt Krassimira Stoyanova und hebt den Kochlöffel zur Attacke.

Markus Werba

Bariton, Österreich

Mit 18 Jahren eilte dem Kärntner Werba in seiner Wiener Wohngemeinschaft der Ruf voraus, hervorragende Aufläufe mit Faschiertem und gratiniertem Käse zaubern zu können. Die Liebe zum Kochen entdeckte Werba schon früh. Im heimatlichen Hermagor half der sportliche Sänger seiner Großmutter und seiner Mutter in der Küche und konnte sich dabei viele Kniffe abschauen. Heute verfügt er über ein dementsprechend großes Kochrepertoire, von einfachen bodenständigen Gerichten bis hin zur Haute Cuisine.

Anregungen holt er sich gelegentlich aus Kochsendungen, beim Durchblättern neuer Kochbücher, aber auch in Restaurants – bevorzugt beim Inder oder Thai. „Am Schwierigsten ist es, die richtigen Zutaten zu bekommen, damit diese Speisen authentisch im Geschmack sind“, sagt der Bariton.

Was ich auf keinen Fall esse:
Letscho, der Geruch macht mich schon fertig. Damit kann man mich jagen.
Heißhunger:
Habe ich nicht.
Das findet man immer in meinem Kühlschrank:
Mein Kühlschrank muss stets gut gefüllt sein, sonst werde ich nervös. Immer zuhause habe ich saisonales Gemüse und Milchprodukte, Parmesan, Mortadella, Oliven, Essiggurken und Rotwein.
Wen ich gern zum Essen lade:
Aristoteles, um mit ihm über die Komödie zu sprechen.
Mein Motto:
Dream as if you'd live forever, live as if you'd die today – träume, als solltest du für immer leben. Lebe, als solltest du heute sterben.

Kärntner Kasnudeln

Für 4 Personen

1 Für den Teig Mehl, Grieß, Ei und Essig zu einem Teig verkneten. Mit Klarsichtfolie bedecken und ruhen lassen.

2 Für die Füllung die Kartoffeln weich kochen, schälen und zerdrücken. Mit Sauerrahm, flüssiger Butter, Topfen und den gehackten Kräutern vermischen, nach Geschmack salzen.

3 Den Teig ausrollen und mit einem Glas von ca. 10 cm Durchmesser Kreise ausstechen. In der Mitte mit Füllung belegen. Die Teigkreise falten und durch sorgfältiges „Kreindln" (siehe Foto) verschließen, damit sie im Wasser nicht aufplatzen. In Salzwasser kochen und mit brauner Butter servieren.

ZUTATEN TEIG
160 g Mehl
20 g Grieß
1 Ei
ein paar Spritzer Essig

ZUTATEN FÜLLUNG
Minze, Kerbel, Schnittlauch und Petersilie, fein gehackt
250 g Topfen
100 g Kartoffel
⅛ l Sauerrahm
20 g Butter
Salz

TIPP
Als Fülle kann man auch faschiertes Selchfleisch oder Räucherspeck verwenden.

Grüner Veltliner Smaragd Wösendorfer Kollmütz 2009,
Weingut Rudi Pichler – Österreich

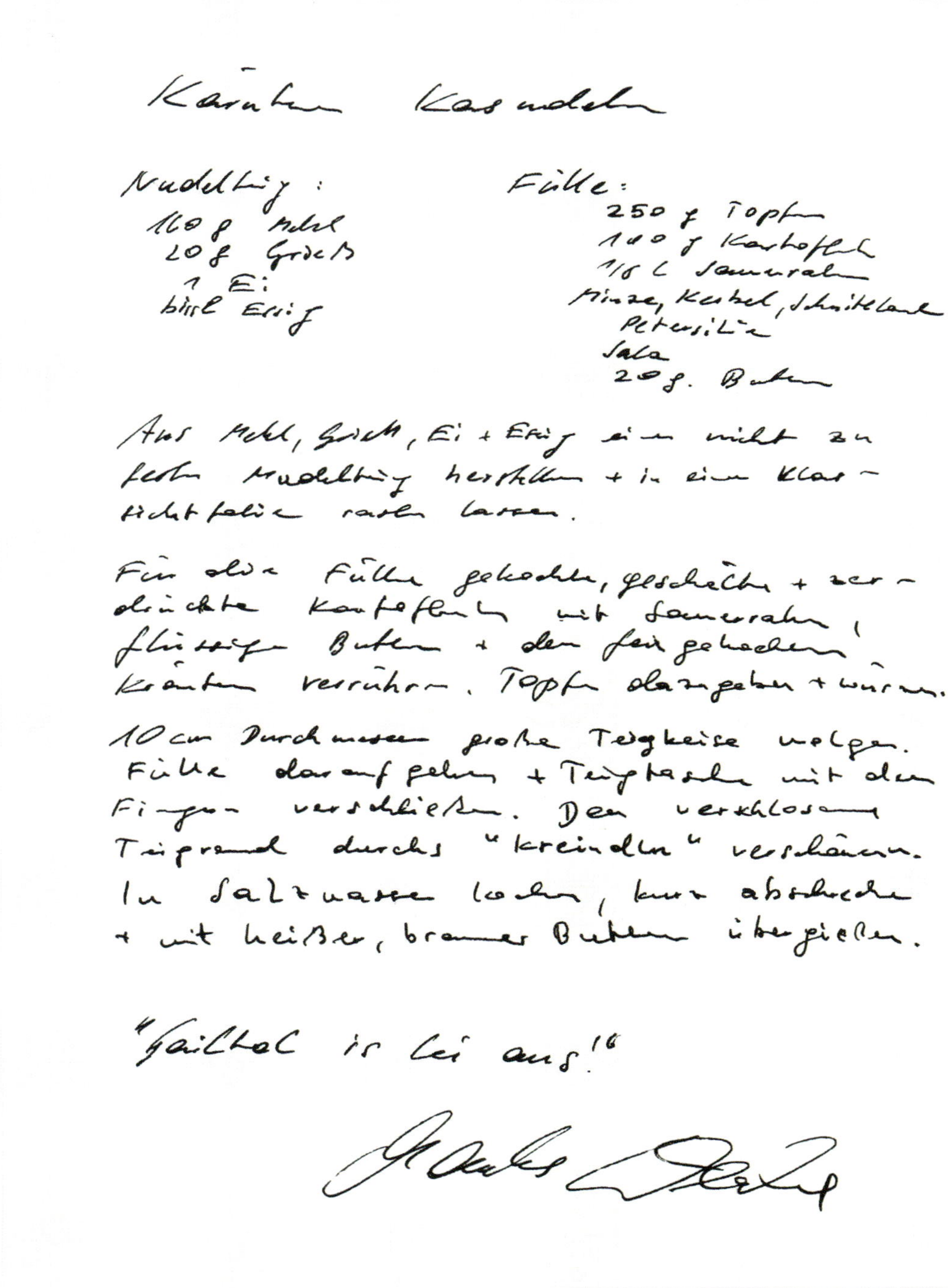

Kärntner Kasnudeln

Nudelteig:
160 g Mehl
20 g Grieß
1 Ei
bissl Essig

Fülle:
250 g Topfen
100 g Kartoffeln
1/8 l Sauerrahm
Minze, Kerbel, Schnittlauch
Petersilie
Salz
20 g. Butter

Aus Mehl, Grieß, Ei + Essig einen nicht zu festen Nudelteig herstellen + in eine Klarsichtfolie rasten lassen.

Für die Fülle gekochte, geschälte + zerdrückte Kartoffeln mit Sauerrahm, flüssiger Butter + den fein gehackten Kräutern verrühren. Topfen dazugeben + würzen.

10 cm Durchmesser große Teigkreise walgen. Fülle darauf geben + Teigtaschen mit den Fingern verschließen. Den verschlossenen Teigrand durchs "Kreindln" verschönern. In Salzwasser kochen, kurz abschrecken + mit heißer, brauner Butter übergießen.

"Gailtal is lei ans!"

Markus Werba

Salzburg – Markus Werba kocht gerne und ausgesprochen gut. Immer wenn es seine Zeit zulässt, lädt der Hobbykoch Freunde ein, um gemeinsam zu tafeln.

Piotr Beczala

Tenor, Polen

Im Studentenheim in Kattowitz war Piotr Beczala für seine Bruschette mit Tomaten und Focaccie bekannt. Wenn er den von seiner Mutter geborgten Elektrokocher anwarf, seine Kommilitonen die nötigen Zutaten mitbrachten, und der vielseitige Piotr zu kochen begann, „war die Party in unserem Korridor schon im Gange", erzählt der Tenor.

Zuhause hat er seiner Mutter immer schon beim Backen geholfen. „Ich war fürs Teigkneten zuständig", lächelt Beczala. „Meine Mutter hat jedes Wochenende für die ganze Familie Hefegebäck zubereitet. Das waren mindestens zwei Kilo Teig, den sie in der Schüssel vorbereitete und mir zum Kneten rüberschob."

Der gefragte Tenor bringt zwar von all seinen Reisen Kochbücher mit, um sich Anregungen zu holen, zuhause steht aber meist seine Frau am Herd. „Meine Chefin kocht konkurrenzlos gut", sagt der Sänger.

Was ich auf keinen Fall esse:
Ich habe einen diplomatischen Magen und esse alles.
Heißhunger:
Dann öffne ich den Kühlschrank und schon geht's los mit Sandwiches.
Das findet man immer in meinem Kühlschrank:
Weißwein, immer zu viel Würsteln und Schinken, Käse, Tomaten, Zwiebeln.
Wen ich gern zum Essen lade:
Fritz Wunderlich, wir hätten sehr viel zu bereden! In meinen Träumen haben wir schon einige Flaschen miteinander geleert und Schweinsbraten getafelt.
Mein Motto:
Ehrlichkeit und Aufrichtigkeit.

Szarlotka

Apfelkuchen

Für 6–8 Personen

ZUTATEN
6 große Äpfel
6 gehäufte EL Mehl
200 g Butter
2 Eidotter
3 EL Zucker
½ EL Backpulver
1 Päckchen Vanillezucker
100 g Rosinen mit Rum bedeckt mehrere Stunden ziehen lassen
100 g Mandelblättchen
½ EL Zimt, 2 EL Kakao
ein paar Spritzer Zitronensaft

1 Die Äpfel schälen und grob reiben. Mit den Rosinen, Zitronensaft und Zimt vermengen.

2 Gesiebtes Mehl, flüssige Butter, Eidotter, Zucker, Backpulver und Vanillezucker zu einem Teig kneten. Die Hälfte der Masse kurz im Tiefkühler ruhen lassen. Eine ganz kleine Menge des Teiges mit dem Kakao vermischen und zum Dekorieren verwenden.

3 Runde Springform ausbuttern und gut mit Mehl bestauben. Mit der halben Menge des Teiges auslegen (siehe Foto rechts) und bei etwa 160 Grad im Backrohr 20 Minuten vorbacken. Die geriebenen Äpfel mit den Rosinen in die Form füllen. Den restlichen Teig aus dem Tiefkühler nehmen und über die Äpfel reiben. Mandelblättchen darüberstreuen. Mit dem Kakaoteig dekorieren und im Backrohr bei ca. 170 Grad eine Stunde fertig backen.

TIPP
Mit Grappa flambiert und mit Vanilleeis serviert, schmeckt der Kuchen noch besser.

TBA No. 6 Grande Cuvée Nouvelle Vague 2007,
Weingut Kracher – Österreich

Szarlotka (kleine Lotte)

Ciasto:

- 200 g masła
- 6 kopiatych łyżek mąki
- 3 łyżki cukru
- 1/2 łyżki proszku do pieczenia
- paczka cukru waniliowego
- 2 żółtka

- 6 dużych jabłek
- 100 g. rodzynek w rumie
- 100 g. migdałów w płatkach
- 1 łyżka cynamonu
- 2 łyżki cukru
- łyżka soku z cytryny

Mąkę przesiać i połączyć z resztą składników, dodać na końcu masło i żółtka, szybko zagnieść ciasto, podzielić na 2 części, jedną wylepić formę a drugą dać do zamrażarki, na 20 min (170°C) włożyć ciasto do piekarnika. W tym czasie obrać jabłka i potrzeć na grubej tarce, dodać rodzynki (wcześniej namoczyć kilka godzin w rumie) migdały, cukier, cynamon i sok z cytryny, wymieszać i wyłożyć na podpieczone ciasto. Na górę potrzeć resztę ciasta z zamrażarki i włożyć do piekarnika na 170°C i godzinę. Po upieczeniu ostudzić i podać z bitą śmietaną!

Życzę smacznego

Piotr Beczala

Czechowice-Dziedzice – Piotr Beczala ist ein ausgezeichneter Koch. Aber zum Kochen kommt er nicht so oft, denn zumeist reist er mit seiner Frau, der er ob ihrer himmlischen Kochkünste gern den Kochlöffel überlässt.

Johan Botha

Tenor, Südafrika

Seine ersten Koch-Erfahrungen hat der südafrikanische Tenor schon in jungen Jahren gemacht – bei Grillfesten. „Ausgestattet mit der größten Lunge in unserer Runde war ich zum Feuerpusten eingeteilt", erinnert sich der Wahlwiener schmunzelnd. „Doch jedes Mal, wenn ich mich ans Zubereiten in die Küche wagte, war sie anschließend versaut", erzählt der Sänger. Kein Wunder, dass er bald mit Küchenverbot belegt wurde. Und so beschränkt sich Johan Botha bis heute auf kurzfristige Hilfseinsätze in der Küche, wenn Not am Mann ist. Wer dort der Chef ist? Seine Lieblingsköchin: „Meine Frau, die Liebe kocht immer für mich." Nur bei seiner Spezialität, dem südafrikanischen „Malva Poeding", darf auch sie nicht ran. Da sitzen alle Handgriffe, der Mixer rotiert, der Teig verteilt sich ausschließlich in der Teigschüssel, nicht auf den Wänden. Und die fertige Masse landet punktgenau in der feuerfesten Schale – keine Spur von einem Bombenangriff.

Was ich auf keinen Fall esse:
Blutwurst, Innereien und Krustentiere.

Heißhunger:
So weit lasse ich es nicht kommen.

Das findet man immer in meinem Kühlschrank:
Cola light, Käse (Cheddar, Edamer), Weißwein, Milch, Eier, Gemüse.

Wen ich gern zum Essen lade:
Giuseppe Verdi hätte ich gerne eingeladen, um ihn zu fragen, wieso in „Don Carlos" und „Aïda" sein Tenor ausgerechnet in den ersten fünf Minuten eine Arie singen muss und dann nicht mehr.

Mein Motto:
Ich bin ein gläubiger Mensch: Wenn der liebe Gott für dich ist, wer könnte dann gegen dich sein.

Malva Poeding

Auflauf

Für 4–6 Personen

1 Zucker, Milch, Margarine, Salz, Mehl und Marmelade in eine Schüssel geben und mit dem Mixer schaumig schlagen. Das Ei daruntermengen.

2 Natron im Essig auflösen und mit dem Teig vermischen.

3 Die Masse in eine gebutterte, ofenfeste Kastenform füllen und im Backrohr bei 160 Grad 45 Minuten backen.

4 Inzwischen die Zutaten für die Sauce erhitzen und über den noch heißen Auflauf gießen. Heiß servieren. Mit Vanillesauce und/oder Eis servieren.

ZUTATEN AUFLAUF
250 g Zucker
250 ml Milch
250 g glattes Mehl
1 EL Marillenmarmelade
1 EL Essig
1 EL Margarine
5 ml Natron
eine Prise Salz
1 Ei

ZUTATEN SAUCE
125 g Zucker
125 ml Sahne
60 g Margarine

TIPP
Zu diesem Dessert passen auch frische Früchte bestens.

Ruster Ausbruch 2007, Weingut Feiler-Artinger – Österreich

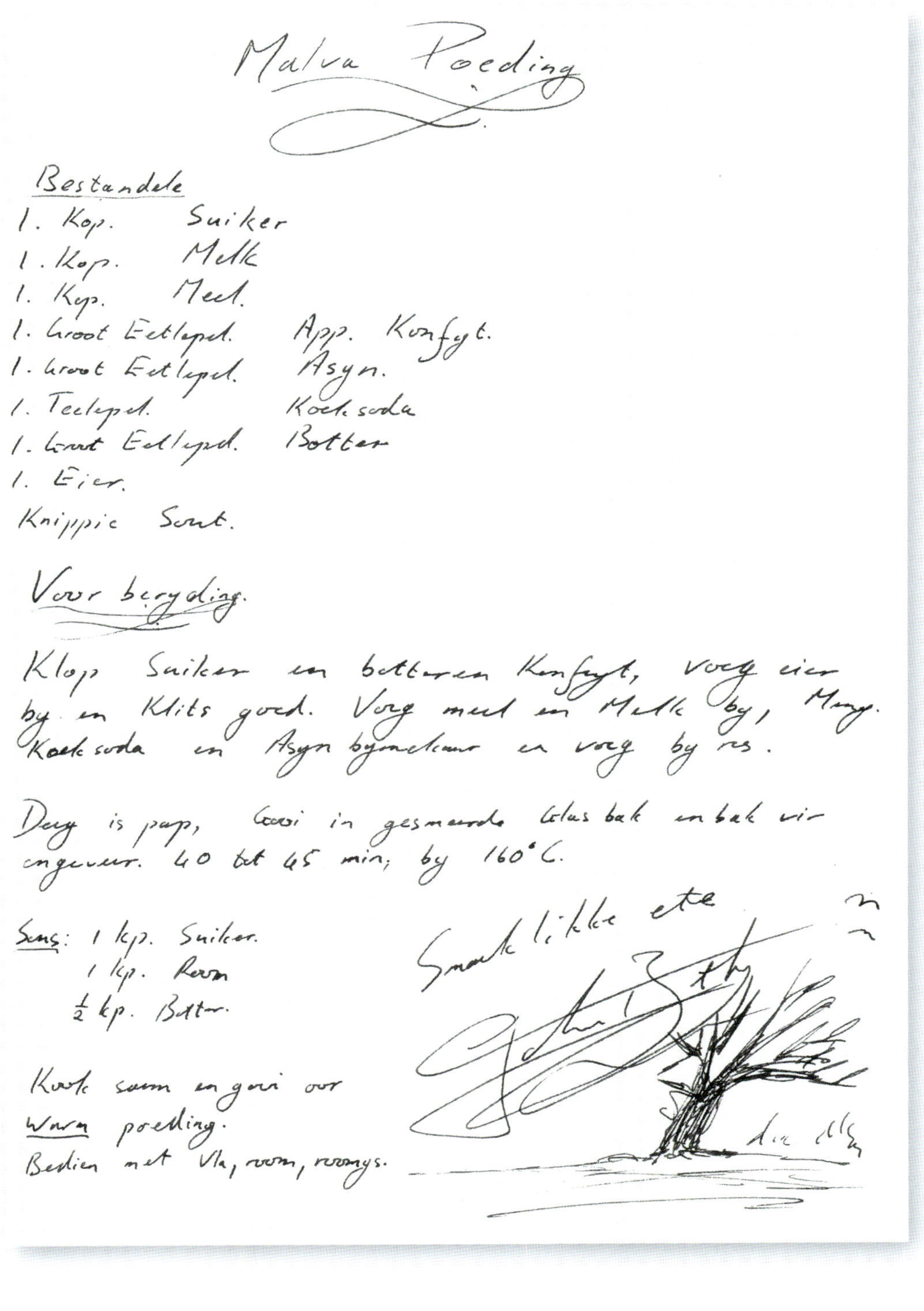

Malva Poeding

Bestandele

1. Kop. Suiker
1. Kop. Melk
1. Kop. Meel.
1. Groot Eetlepel. App. Konfyt.
1. Groot Eetlepel. Asyn.
1. Teelepel. Koeksoda
1. Groot Eetlepel. Botter
1. Eier.

Knippie Sout.

Voorbereiding.

Klop Suiker en botter en Konfyt, voeg eier by en Klits goed. Voeg meel en Melk by, Meng. Koeksoda en Asyn bymekaar en voeg by ns.

Deeg is pap, Gooi in gesmeerde Glas bak en bak vir ongeveer. 40 tot 45 min; by 160°C.

Sous: 1 kp. Suiker.
1 kp. Room
½ kp. Botter.

Kook saam en gooi oor Warm poeding.
Bedien met Vla, room, roomys.

Smaaklike ete

Wien – Selbst wenn Johan Botha in der Küche nur für Schneidearbeiten benötigt wird, lässt er sich dafür nicht zwei Mal bitten.

José Carreras

Tenor, Spanien

Ganz ehrlich, ich bin kein großer Koch", gesteht der Weltstar José Carreras. „Alles was ich in der Küche mache, ist pure Improvisation und ziemlich einfach."

Der in Barcelona geborene Startenor gibt nach wie vor weltweit etwa 60 Konzerte pro Jahr und isst daher zumeist in Hotels. Wenn es ihn aber nach seinen geliebten Spaghetti mit Tomaten gelüstet, schaut er auch gerne zum Italiener. Er schätzt die einfache Küche, nur frisch und hochwertig müssen die verwendeten Zutaten sein. José Carreras hält sich an regelmäßige Essenszeiten und startet mit Joghurt und Croissant in den Tag. Dazu gibt es Kaffee und Orangensaft. Manchmal darf es aber auch ein Müsli sein. Vor einem Auftritt stehen lediglich Suppe und gegrillte, ungewürzte Hühnerbrust mit Reis und Olivenöl auf seinem Speiseplan. Nach der Vorstellung gönnt er sich gegrillten Fisch oder eine simple Pasta, und als krönender Abschluss darf es manchmal auch noch eine Kugel Vanilleeis sein.

Was ich auf keinen Fall esse:
Knoblauch und Zwiebeln.
Heißhunger:
Käse und Crackers.
Das findet man immer in meinem Kühlschrank:
Mineralwasser und Cola light. Früchte habe ich auch immer zuhause. Die bewahre ich aber nicht im Kühlschrank auf, sondern sie liegen stets in Griffweite in einem Korb.
Wen ich gern zum Essen lade:
Meine Familie, weil es wunderschön ist, drei Generationen um mich zu wissen.
Mein Motto:
Jeden respektieren.

Crêpes con crema y salsa

Crêpes mit Creme und frischen Früchten

Für 4 Personen

1 Die Milch mit dem Mehl, den Eiern und dem Zucker verrühren. In einer flachen Pfanne sehr dünne Crêpes in heißer Butter herausbacken.

2 Die Zutaten für die Creme über Dampf cremig schlagen und die Crêpes damit bestreichen.

3 Die frischen Früchte mit Zucker bestreuen, mischen und mit Zitronensaft marinieren. Die Crêpes mit dieser Mischung belegen und einrollen. Mit Minze dekorieren.

ZUTATEN CRÊPES

150 g Mehl
¼ l Milch
2 Eier
40 g Butter
50 g Zucker

ZUTATEN CREME

4 Eier
40 g Mehl
50 g Zucker
¼ l Milch
Saft von 2 Zitronen

FRISCHE FRÜCHTE

100 g Brombeeren
100 g Erdbeeren, gewürfelt
100 g Heidelbeeren
Minzezweige
Saft einer halben Zitrone
100 g Zucker

TIPP

Klein gehackte Minze unter die Früchte gemischt sorgt für noch frischeren Geschmack.

Riesling Rüdesheimer Berg Roseneck Spätlese 2009, Weingut Leitz – Deutschland

"CREPES CON CREMA Y SALSA
DE FRUTAS DEL BOSQUE"

Ingredientes,

Para los crepes	Para la crema
150 gr. de harina	4 huevos
1/2 l. de leche	40 gr. de harina
2 huevos	50 gr de azúcar
40 gr. de mantequilla	1/2 l. de leche
sal.	zumo de 2 limones.

Para la salsa de frutas del bosque

100 gr. de moras
100 gr. de frambuesas
100 gr. de arándanos
zumo de 1/2 limón
100 gr. de azúcar glass.

Para la realización final confío en vuestro poder de improvisación y vuestra creatividad!"

Wien – Die Küche ist nicht das vertraute Revier von José Carreras, doch sollte er gebraucht werden, steht er auch hier seinen Mann.

Annette Dasch

Sopran, Deutschland

Mich treibt vor allem meine Lust am Genuss an den Herd“, sagt die selbstbewusste Berlinerin. „Schon als Kind habe ich gerne klitzekleine Omeletten gebacken. Und als ich dann in einem Alter war, in dem ich Männer beeindrucken wollte, habe ich sie mit ihren Lieblingsgerichten verzückt.“ Annette Dasch hat sie schlichtweg eingekocht.

Kochen ist für die Sopranistin pure Improvisation, Rezepte findet sie furchtbar. „Ich halte nichts davon, sich beim Kochen sklavisch an Vorgaben zu halten. Man muss selbst ein Gefühl für Fleisch, Farbe und Temperatur entwickeln. Nur so kommt man ans Ziel“, weiß Dasch.

Für sich selbst kocht die schlagfertige Künstlerin allerdings kaum: „Ich brauche ein Gegenüber, dem es schmeckt. Dann hat sich der Spaß in der Küche für mich gelohnt.“

Was ich auf keinen Fall esse:
Schnecken und Tiere aus Massenzucht. Thunfisch, weil er vom Aussterben bedroht ist.
Heißhunger:
Schokolade, da geht schon einmal ein Glas Nutella drauf! Chips und Salzstangen.
Das findet man immer in meinem Kühlschrank:
Bier, ja, ein Sechserpack ist immer da! Wenn ich wo ankomme, kaufe ich immer je ein Glas Honig und Erdnussbutter. Das ist meine Basisausstattung.
Wen ich gern zum Essen lade:
Natürlich alle, die in diesem Buch mit Rezepten vertreten sind.
Mein Motto:
Wann, wenn nicht jetzt!

Mozart-Marillenknödel

Für 10 Personen

ZUTATEN

500 g Topfen halbfett und fett gemischt
100 g Butter
120 g Mehl
2 Eier, 120 g Weizengrieß
Zucker, Salz
10 große reife Marillen
10 Mozartkugeln
Semmelbrösel, Butter
Mandeln, gemahlen
Staubzucker
geriebene Zitronenschale

1 Topfen, Eier, Mehl, weiche Butter und eine Prise Salz zu einem glatten Teig verkneten. Etwas Grieß darunter-mischen. Abgeriebene Schale einer Biozitrone zufügen. Abdecken und ca. 1 Stunde kühl ruhen lassen.

2 Marillen entkernen und je eine Mozartkugel hineinlegen. Teig mit bemehlten Händen in 10 gleich große Stücke teilen. Eine runde platte Form bilden und jeweils eine Marille mit eingelegter Mozartkugel darauflegen. Zu einem Knödel formen.

3 In einem großen Topf Salzwasser zum Kochen bringen. Die Knödel vorsichtig hineingleiten lassen. Aufpassen, dass sie nicht am Boden festkleben. Ca. 20 Minuten ziehen lassen.

4 In einer großen Pfanne viel Butter schmelzen. Die Semmelbrösel mit gemahlenen Mandeln anbräunen. Die Knödel darin wälzen und mit Staubzucker bestreut servieren.

TIPP

Marillenkompott mit Schnaps ablöschen, mit ein wenig Orangensaft auffüllen und dazu servieren.

Loibner Riesling Auslese 2006, Weingut Knoll – Österreich

Knödel und keine vom Pferd

Mozartmarillenknödel für Fortgeschrittene

(... und Schweine (aka Gourmands))

Diese Teigmenge reicht für 10 Knödel →

500 g Quark (Topfen – ich mische immer halbfett + normal)
100 g Butter, 10 große, reife Aprikosen (Marillen), 10 Mozartkugeln
120 g Mehl, 2 Eier, extra viel Butter für die Brösel, Semmelbrösel, Zucker,
Prise Salz, etwas Weizengrieß zum Binden des Teiges, geriebene Mandeln
Puderzucker, Zitronenschalenabrieb, evtl. Zimt (bin ich nicht so ein Fan von)

Bitte vermengen Sie den Quark, die Eier, das Mehl, die Butter mit einer Priese Salz und der Zitronenschale zu einem glatten Teig. = Das geht am besten mit den Händen. Den Gries dazugeben, bis die Konsistenz sämig ist. Nicht zu fest, nicht zu feucht. Jetzt eine Stunde abgedeckt kaltstellen.

Die Aprikosen (oder Marillen, wie der Österreicher sagt) entkernen. Die vorher eingefrorenen Mozartkugeln (die größten, von der Firma mit dem silber-blauen (gold-) auspacken und bereitstellen. Einen durchmessermäßig großen Topf mit gesalzenem Wasser zum Sieden bringen.

Jetzt mit zarter, gut bemehlter Hand (!) den Teig in ca 10 gleichgroße Teile teilen, 1 in der Hand erst plattmachen, dann eine Aprikose reinlegen und eine Mozartkugel dazu, quasi innen rein. Dann den Teig drumherum schließen, zum Knödel formen und sanft ins leicht siedende Wasser gleiten lassen. __Achtung__: Die Knödel dürfen nicht am Boden des Topfes kleben bleiben. Sie müssen echt dicht, also gut und glatt geformt sein, sonst läuft die Schoki raus.

Während also die Knödel in ca 20 Minuten garen, in einer großen Pfanne viiiiel Butter mit den geriebenen Nüssen o. Mandeln und den Semmelbröseln erhitzen. Etwas Salz und Zucker dazu und, wie gesagt, Zimt, wer's mag, und gut beobachtend braun werden lassen. Vorsicht, weil verbrennt gerne mal. Die fertigen Knödel abtropfen lassen und in den Bröseln genüsslich wälzen. Mit Puderzucker bestäubt servieren. Unbedingt Schnaps bereithalten, weil, nächtlich, verstehste ...

Tip → Wenn die Marillen so groß sind, dass das Knödelformen nicht gelingt: Halbe Marille mit halber Kugel reingeben. Schmeckt! Also. Pfeif auf die Figur und HAU REIN! ♡ Annette Dasch

Salzburg – Mit ihren Kochkünsten hat Annette Dasch Männer nicht nur beeindruckt, sondern schlichtweg eingekocht.

Natalie Dessay

Sopran, Frankreich

Die in Lyon, Frankreich, geborene Künstlerin bäckt lieber als zu kochen. Wenn süße Düfte durch die Wohnung ziehen, ist sie in ihrem Temperament. „Mein Mann Laurent ist auch Sänger und ein wunderbarer Koch. Immer wenn wir zusammen sind, schwingt er den Kochlöffel“, freut sich die Sängerin.

Zwar bereitet sich die Französin auf Tourneen auch einfache Gerichte zu, aber meistens zieht es sie dann doch in Restaurants. „Meine Kantine in New York ist das ‚Café Luxembourg', dort gibt es Frühstück, Lunch und Dinner“, sagt Dessay. Kann sie sich doch einmal zum Kochen aufraffen, schlendert sie zuvor durch die Delikatessenmärkte im Big Apple. „Die Auswahl ist enorm. Es gibt immer knackige Salate mit leckeren Dressings und so viele gesunde Sachen, dass ich meinen Aufenthalt allein deshab jedesmal verlängern könnte.“

Was ich auf keinen Fall esse:
Innereien, Schnecken, Muscheln und alles, was ein bisschen wie Gummi schmeckt.
Heißhunger:
Eine Banane stillt den ärgsten Hunger.
Das findet man immer in meinem Kühlschrank:
Sojamilch, Butter, Eier, Kirschen-, Johannisbeeren- und Ribiselmarmelade, Zucchini, Kürbis im Winter, grüne Bohnen, Rucola, Eisbergsalat, Fruchtsäfte.
Wen ich gern zum Essen lade:
Martin Luther King, Sir Peter Ustinov, Meryl Streep, weil ich sie alle sehr bewundere.
Mein Motto:
Un pour tous, tous pour un – alle für einen, einer für alle!

Cake d'amour

Früchtekuchen

Für 4–6 Personen

1 Rosinen in einer kleinen Schale mit Rum bedecken, bis sie vollgesogen sind, die Butter vorsichtig schmelzen.

2 Die ganzen Eier mit dem Staubzucker und dem Vanillezucker aufschlagen.

3 Mehl mit dem Backpulver vermischen, die kandierten Früchte sowie die mit Rum getränkten Rosinen zufügen.

4 Die flüssige Butter langsam eingießen, mit einer Prise Salz würzen. Mit der Eier-Zucker-Mischung vermengen.

5 Eine kastenförmige Backform ausbuttern und mit Mehl bestäuben, den Teig einfüllen und glatt streichen. Im Backrohr bei 180 Grad ca. 1 ¼ Stunde backen.

ZUTATEN

300 g Mehl
100 g Staubzucker
150 g flüssige Butter
1 Päckchen Vanillezucker
½ Päckchen Backpulver
3 Eier
Rum
250 g Rosinen
250 g kandierte Früchte
eine Prise Salz

TIPP

Den Kuchen mit Weißweinsabayon und Zimteis servieren.

Dorsheim Goldloch Riesling Auslese 2003, Weingut Diel – Deutschland

Recette pour un cake d'amour

- 100 gr de sucre + 1 paquet de sucre vanillé
- 150 gr de beurre fondu
- 3 oeufs entiers
- ½ paquet de levure
- 300 gr de farine
- 200 gr de fruits confits en morceaux
- 150 gr de raisins secs
- on peut ajouter quelques cerises confites
- 1 petit verre de rhum
- 1 pincée de sel

. Faire tremper les raisins dans le rhum
. Mélanger d'une part les oeufs, le sucre, la
. levure et le beurre fondu
. Mélanger d'autre part les fruits confits à la farine
ainsi que les raisins gonflés de rhum.
. Mélanger le tout, ne pas oublier la pincée de sel!
. Verser dans un moule à cake beurré
. Cuire à feu doux (≈ 180°) pendant 1 heure et quart
. Vérifier la cuisson avec la pointe d'un couteau

A déguster à l'heure du thé et avec des amis

Nat
2C

Wien – Natalie Dessay liebt es zu backen und teilt die Küche mit ihrem Mann, dem Bariton Laurent Naouri, der sie und die Kinder mit feurigen Gerichten verwöhnt.

Joyce DiDonato

Mezzosopran, Amerika

An den Adventsonntagen hat die ganze Familie gemeinsam Kekse gebacken und wir sechs Kinder machten bald einen Wettbewerb daraus. Um mitzuhalten, formte ich schon mit fünf Jahren meine erste Zimtschnecke", erzählt die Künstlerin aus Kansas City.

Dem Kochen in der Großfamilie hat sie ihre Souveränität am Herd zu verdanken. Am liebsten greift sie auf altbewährte Familienrezpete wie Mom's Beefsoup, Blueburgers oder Lasagne zurück und auch die Weihnachtskuchen und -kekse bäckt sie heute noch gerne. Hat sie Lust auf Neues, holt sie sich Anregungen aus dem Internet, ihren Kochbüchern oder von ihrem Bruder, einem ehemaligen Küchenchef. Die Sängerin hält sich genau an Rezeptvorgaben, während ihr Mann, in der Küche lieber improvisiert.

„Zu Familientreffen reise ich mit Körben voller Essen an", lacht die Künstlerin, „mittlerweile ist die Familie auf 30 Personen angewachsen, da muss jeder etwas mitbringen."

Was ich auf keinen Fall esse:
Innereien, Austern und Anchovis.
Heißhunger:
Dann muss es ein Steak sein oder Tapas. Wenn ich von der Arbeit nach Hause komme gibt's Pasta mit Thunfisch, Kapern, Mozzarella und Tomaten.
Das findet man immer in meinem Kühlschrank:
Waldbeerjoghurt, Erdnussbutter und Wodka.
Wen ich gern zum Essen lade:
Natürlich meinen Mann. Für Martin Luther King würde ich aber jeden anderen Gesprächspartner stehen lassen.
Mein Motto:
Alles ist gut.

Fabulous Cinnamon Rolls

Zimtschnecken

Für 6–8 Personen

ZUTATEN TEIG
4 bis 5 Tassen Mehl
14 g Trockenhefe
½ Tasse Butter
⅓ Tasse Zucker
eine Prise Salz
1 Tasse Milch
1 Ei
(1 Tasse entpricht ca. 226 g)

ZUTATEN FÜLLUNG
113 g Butter
ca. 450 g brauner Zucker
Zimt, Muskat, Gewürznelken – alles gemahlen

ZUTATEN ZUCKERGUSS
2 Tassen Staubzucker
1 EL Butter
1 EL Vanillezucker
2 bis 3 EL Milch

1 Die Milch erwärmen, Butter hinzufügen. Vom Herd nehmen und auskühlen lassen. Die Hefe in ein wenig warmem Wasser auflösen und unterrühren, ebenso das Ei. Langsam Mehl mit einer Prise Salz einstreuen und die Masse auf einer bemehlten Arbeitsfläche zu einem glatten Teig kneten. Mit feuchtem Tuch bedecken und 1 ½ Stunden ruhen lassen.

2 Teig zu einem Rechteck ca. 1 cm dick ausrollen. Mit Butter bestreichen und mit braunem Zucker ½ cm dick bestreuen. Zimt nach Geschmack darüberstreuen.
Mit Muskat und geriebenen Nelken verfeinern. An der breiten Seite beginnend aufrollen. Scheiben abschneiden und in eine ofenfesten Form legen. Auf jede Rolle ein Stückchen Butter legen.

3 Im vorgeheizten Backrohr bei 180 Grad ca. 15–20 Minuten backen. Zutaten für den Zuckerguss gut verrühren und über die Schnecken gießen.

TIPP
Mit weißem Mokka-Parfait ist die Zimtschnecke ein besonderes Dessert.

Aszú 2005, Szepsy – Ungarn

Flaherty Fabulous Cinnamon Rolls

DOUGH

- 1½ packages Dry Yeast
- ¼ warm water
- ½ Cup Shortening
- ⅓ Cup Sugar
- 1½ tsp Salt
- 1 Cup Milk (Skalded)
- 1 Egg
- 4-5 Cups Sifted flour

FILLING

- Butter
- Dark Brown Sugar
- Cinnamon, Nutmeg, Cloves } To Taste
- (Raisins / Walnuts - Optional)

ICING

- 2 Cups Powdered Sugar
- 1 Tbl. Butter (melted)
- 1 tsp Vanilla
- 2-4 Tbs Milk

1. Soak the Dry yeast in warm water : 10 min
2. Pour Skalded milk over Shortening, add Sugar + Salt – cool a bit
3. Add yeast mixture + egg
4. Add flour – one cup @ time : Dough should be soft + a bit sticky – this makes for a gooeyier roll!! (left over flour will be used for kneading)
5. Knead until "elastic" – but still a bit sticky (3-4 mins.)
6. Put into oiled bowl + let rise 90 min.
   * Take a rest – you've earned it!
7. My favorite part: Punch down the risen dough w/ fist ☺
8. Roll out dough into long rectangle, ¼" thick
9. Spread dough liberally with butter, + layer with Brown Sugar, + all spices, + roll up tightly
10. Slice into Rolls at desired Thickness (1-1½")
11. Bake @ 350° for 15-20 mins
12. Mix all ingredients for icing + spread liberally on top.
13. Pour yourself a "mimosa" + ENJOY(CE)!

Joyce DiDonato

New York – In der stylischen Wohnküche von Joyce DiDonato verbreitet der Sound von Barbra Streisand Happy-Hour-Stimmung und der süße Duft von selbst gebackenen Zimtschnecken erfüllt den Raum.

Renée Fleming

Sopran, Amerika

Der Superstar der Oper findet vor lauter Projekten, Auftritten und Aufnahmen einfach keine Zeit zum Kochen. „Wenn ich heute für meine Kinder koche“, sagt Fleming, „dann bedanken sie sich mit: Thank you mom. Vergangenes Jahr waren wir im Sommer gemeinsam auf fünf Kontinenten, Gott sei Dank lieben sie das Reisen.“

Um nicht ganz aus der Übung zu kommen, möchte Renée Fleming in Zukunft gern wieder mehr kochen, liebt sie es doch, Freunde kulinarisch auf ihrer Terrasse zu verwöhnen. „Ich mache nichts Großartiges, sondern ehrliche, einfache Salate, wie Caprese mit Avocados und viel frischem Basilikum, und hin und wieder gibt's Barbecue.“

Mit der Regelmäßigkeit beim Essen hat es die Sängerin allerdings nicht so. Untertags gehen sich gerade einmal eine Mahlzeit und kleine Häppchen zwischendurch aus. Dafür erliegt sie immer wieder ihrer Droge – Schokolade. Gemeinsam mit ihrem Freund, dem Drei-Sterne-Koch Daniel Boulud hat sie ein Schokodessert zum Niederknien kreiert: Diva Renée.

Was ich auf keinen Fall esse:
White Food und frittiertes Essen.
Heißhunger:
Letzte Nacht hatte ich Appetit auf Diätpopcorn.
Das findet man immer in meinem Kühlschrank:
Magermilch, Kaffee, frische Früchte, Joghurt mit null Prozent Fett. Ich bereite damit die einfachen Sachen zu, zum Beispiel Milchshakes – natürlich mit Schokoladengeschmack.
Wen ich gern zum Essen lade:
Richard Strauss. Mich interessiert sein Seelenleben, weil das, was wir aus seiner Musik kennen, im Kontrast zu dem steht, was wir über ihn wissen.
Mein Motto:
Ich habe keines.

Diva Renée au chocolat

Schokoladedessert

Für 10 Personen

ZUTATEN FÜR DAS MOUSSE

500 ml Sahne
140 g Zucker
50 ml Wasser
2 Eier, 120 g Eidotter
325 g dunkle Schokolade (70 Prozent Kakaoanteil)

ZUTATEN FÜR DIE DEKORATION

1 Mürbteig-Tortenboden
1 Biskuitboden ca. 1 cm dick
100 ml Champagner
dünne Schokoladenblätter
200 g Orangenmarmelade mit 20 g Orangensaft, zu einer Sauce vermischt
Schale einer Bio-Orange, in Streifen geschnitten
Blattgold

1 Die Sahne steif schlagen. In einem kleinen Topf den Zucker mit dem Wasser auf ca. 120 Grad erhitzen. Beiseitestellen. In einer Schüssel die Eier und Eidotter mit einem Mixer schaumig schlagen. Langsam in das Zuckerwasser geben. Schokolade schmelzen, ein wenig abkühlen lassen und unter die steif geschlagene Sahne mischen, die Eier-Zucker-Mischung zufügen. Zugedeckt über Nacht abkühlen.

2 Aus dem Mürbteig-Tortenboden Quadrate von ca. 5 cm schneiden, mit einem Pinsel Champagner aufstreichen. Das Mousse in einen Spritzbeutel füllen und portionsweise am Rand des Mürbteig-Tortenbodens platzieren. In die Mitte ein Quadrat von ca. 2,5 cm des Biskuitbodens legen. Ein Schokoladenblättchen auflegen. Darauf wieder eine Schicht aus Mousse aufspritzen. Als Abschluss ein Schokoladenblatt mit Blattgold dekorieren.

3 Auf gekühlten Tellern anrichten und mit der Orangensauce garnieren.

TIPP
Köstlich dazu ist Mokka-Eis.

Vintage No. 5, Thomas Schwarz, Weingut Kloster am Spitz – Österreich

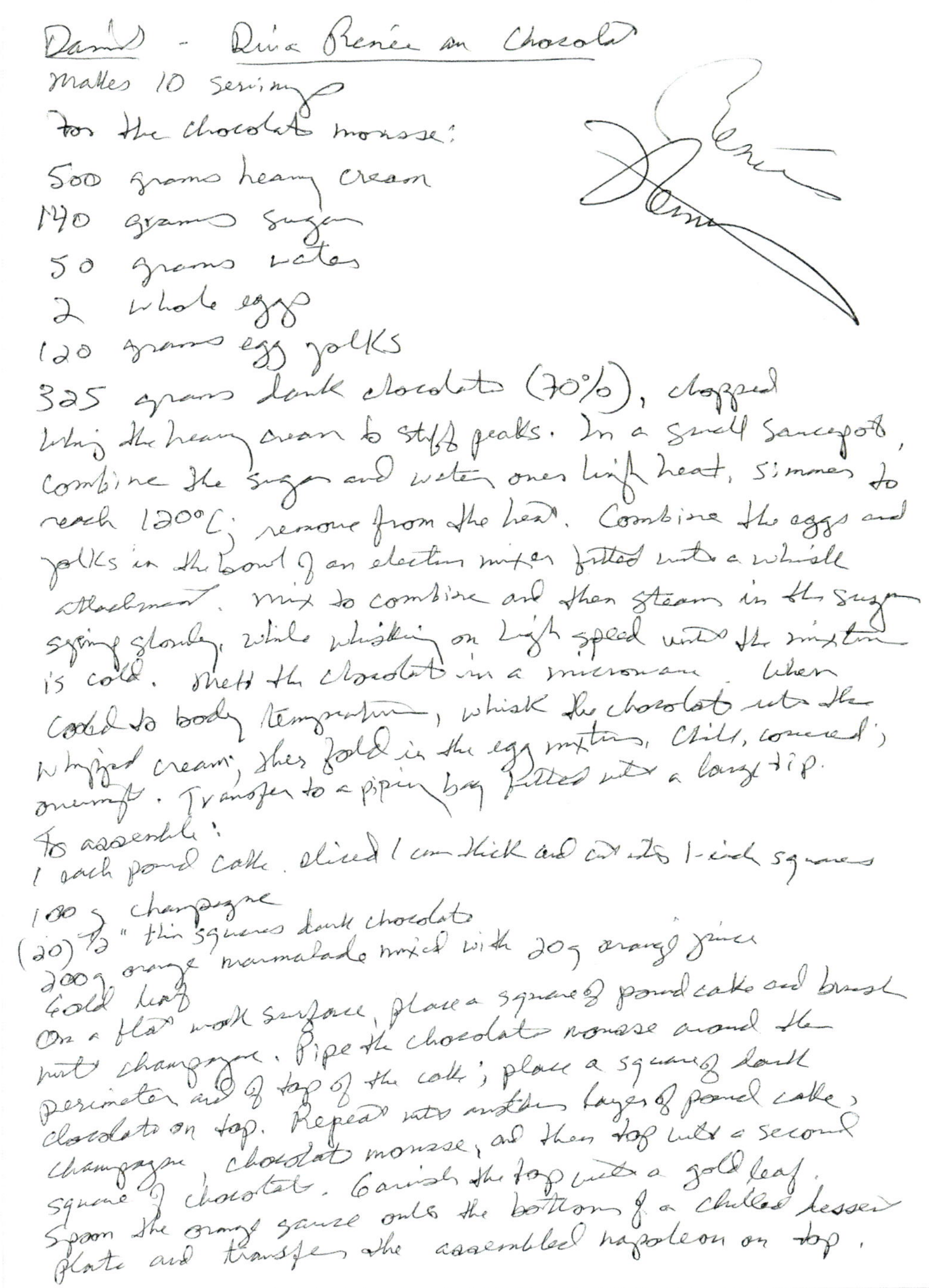

Daniel – Diva Renée au Chocolat
Makes 10 servings
For the chocolate mousse:
500 grams heavy cream
140 grams sugar
50 grams water
2 whole eggs
120 grams egg yolks
325 grams dark chocolate (70%), chopped
Whip the heavy cream to stiff peaks. In a small saucepot, combine the sugar and water over high heat. Simmer to reach 120°C; remove from the heat. Combine the eggs and yolks in the bowl of an electric mixer fitted with a whisk attachment. Mix to combine and then stream in the sugar syrup slowly, while whisking on high speed until the mixture is cold. Melt the chocolate in a microwave. When cooled to body temperature, whisk the chocolate into the whipped cream, then fold in the egg mixture. Chill, covered, overnight. Transfer to a piping bag fitted with a large tip.
To assemble:
1 each pound cake, sliced 1 cm thick and cut into 1-inch squares
100 g champagne
(20) 1/2" thin squares dark chocolate
200 g orange marmalade mixed with 20 g orange juice
Gold leaf
On a flat work surface, place a square of pound cake and brush with champagne. Pipe the chocolate mousse around the perimeter and of top of the cake; place a square of dark chocolate on top. Repeat with another layer of pound cake, champagne, chocolate mousse, and then top with a second square of chocolate. Garnish the top with a gold leaf. Spoon the orange sauce onto the bottom of a chilled dessert plate and transfer the assembled napoleon on top.

New York – Renée Fleming bereitet mit Drei-Sterne-Chef Daniel Boulud in seinem Restaurant „Daniel“ ein Dessert der Superlative zu: Diva Renée.

Anja Harteros

Sopran, Deutsch-Griechin

Gemüse steht auf dem Einkaufszettel der deutsch-griechischen Sopranistin stets ganz oben. „Mein erster Weg beim Einkaufen führt mich schnurstracks in die Gemüseabteilung. Dort lasse ich mich von der köstlichen bunten Sortenvielfalt inspirieren“, sagt die in Bergneustadt, Nordrhein-Westfalen geborene Künstlerin. Für sie ist Gemüse die eigentliche Hauptspeise, Fleisch hingegen nur Beilage. Das war schon in ihrer Kindheit so, als sich Harteros zuerst über den geliebten Kartoffel-Möhren-Brei hermachte, ehe sie das Fleisch kostete.

Wenn sie kocht, dann kombiniert sie die grünen Zutaten mit frischem Fisch, etwa gebratener Heilbutt mit gedünstetem Gemüse und knackigen Salaten. Nach Proben schwingt die elegante Sängerin aber nur selten den Kochlöffel, da sie dann ihr Lebensgefährte gern mit köstlichen Menüs verwöhnt.

Was ich auf keinen Fall esse:
Ich bin neugierig und probiere vieles!
Heißhunger:
So weit lasse ich es nicht kommen, aber wenn ich hungrig bin, gelüstet es mich auch manchmal nach Brot und einem schönen Lammbraten mit Knoblauch.
Das findet man immer in meinem Kühlschrank:
Kartoffeln, Äpfel, Tomaten, Gurke, Salat, Eier, Remoulade, Sellerie, Brot.
Wen ich gern zum Essen lade:
Mozart, Giuseppe Verdi und auch Richard Wagner, weil ich noch einige Fragen an die Komponisten hätte und hoffte, ihnen bei einem guten Essen in guter Stimmung vielleicht die eine oder andere Antwort entlocken zu können.
Mein Motto:
Qualität statt Quantität.

Gute-Laune-Torte

Für 6–8 Personen

1 Alle Teigzutaten gut verkneten. Der Teig sollte nicht kleben und nicht zu süß werden. Man kann auch nach Bedarf gemahlene Haselnüsse zufügen.

2 Für die Füllung alle Zutaten klein schneiden und vermischen. Diese können aber ganz den eigenen Vorlieben entsprechend abgewandelt werden.

3 Den Teig ausrollen und eine flache Springform damit auslegen. Mit der Füllung belegen und mit Teig abdecken. Im Backrohr bei ca. 180 Grad ca. 40 Minuten backen. Die Schokoladenblättchen auf den noch heißen Kuchen geben, schmelzen lassen und mit den Orangenspalten und der Zitronenmelisse dekorieren.

ZUTATEN MÜRBTEIG
200 g Mehl
60 g Zucker
125 g Butterschmalz
Mandeln, gerieben
eine Prise Salz

ZUTATEN FÜLLUNG
6 Äpfel, 1 Orange (in Stücke geschnitten)
Orangenzesten (Schale), Zitronenmelisse
Mark von 1 Vanilleschote, einige Mandeln
Zucker nach Geschmack
Cointreau, Haferflocken

ZUTATEN DEKORATION
dunkle Schokoladeblättchen
Orangenspalten von 1 Orange
Zitronenmelisse

TIPP
Servieren Sie zu der Torte eine Sahne-Preiselbeer-Mischung, bestehend aus zwei Teilen geschlagener Sahne und einem Teil Preiselbeer-Kompott.

TBA Silvaner, Escherndorfer Lump 2008,
Weingut Horst Sauer – Deutschland

Süße-Dame-Tarte

Für den Mürbeteig: Butterschmalz, Mehl, Zucker, Mandeln, etwas Salz

Für die Füllung: Äpfel, Orangenstücke, Orangeat, Zitronenmelisse, Vanillemark, Mandeln, Zucker, Cointreau, Haferflocken

Für die Verzierung: Schokolade (möglichst dunkel), Orangenscheibchen, Zitronenmelisse

Zutaten für den Mürbeteig verkneten, Mengen richten sich nach der Teigkonsistenz, d.h. er soll glatt sein, nicht kleben und nicht zu süß werden. Man kann auch Speisestärke und Eigelb verarbeiten, muss aber nicht. Gemahlene Haselnüsse sind auch möglich.
Teig etwas in den Kühlschrank stellen.

Zutaten für die Füllung kleinschneiden und vermengen. Orangenstücke nur vorsichtig verwenden, damit die Füllung beim Backen nicht zu nass wird. Haferflocken saugen übermäßige Flüssigkeit auf (ca 2 EL genügen). Cointreau und Zitronenmelisse nach Belieben. Selbstverständlich kann man hier der Phantasie freien Lauf lassen und auch andere leckere Sachen verwenden!

Eine Tarteform mit dem Teig auskleiden, mit einer Gabel einstechen, Füllung hineingeben und mit Teig abdecken. Backen ca. 40 min bei ca. 180 °C. Schokolade auf den heißen Kuchen legen und im noch heißen Ofen schmelzen, mit einem Messer glattstreichen und mit Orangenscheibchen und Zitronenmelisse verzieren. Guten Appetit!

Anja

München – Anja Harteros kocht gerne, nicht nur, weil sie ihren Hunger stillen möchte, sondern, weil sie einfach Spaß am Kochen hat.

Aleksandra Kurzak

Sopran, Polen

Mit dem Backen kam die Lust aufs Kochen. Als Teenager versuchte sich die polnische Sopranistin an einem Obstkuchen. Als ihr dieser dann auch tatsächlich gelang, begann sie sich nach und nach auch fürs Kochen zu interessieren. Sie sammelte Rezepte und übertrug sie akribisch in ihr – mittlerweile achtzig Seiten starkes – Kochheft. Darin finden sich neben handschriftlichen Anleitungen auch Rezepte, die ihr in Magazinen begegneten. „Wenn sie mich interessieren, reiße ich sie einfach raus und klebe sie in mein Kochbüchlein", erzählt Kurzak.

Improvisiert wird bei der Sopranistin allerdings nie. „Wie bei einem Klavierauszug halte ich mich stets streng an die Vorgaben", sagt die Künstlerin.

Ungern kocht sie für sich allein, dafür umso lieber für ihre Freunde, denen sie mit ihren Kochkünsten wahre Gaumenfreuden bereitet. Diese dürfen ruhig etwas exotischer ausfallen.

Was ich auf keinen Fall esse:
Minestrone, Austern, Innereien.
Heißhunger:
Zu viel schwarze Schokolade mit Nüssen und Mandeln oder Pierogi (Teigtaschen mit verschiedenen Füllungen) – unser Nationalgericht.
Das findet man immer in meinem Kühlschrank:
Licht, Ziegenkäse, verschiedene Aufstriche, Tomaten, Gurken, Radieschen, rote Paprika und Obst.
Wen ich gern zum Essen lade:
Ich würde gerne Maria Callas einladen, um zu erfahren, was für sie im Leben wirklich wichtig war.
Mein Motto:
Genussvoll in den Tag.

Schneller Pflaumenkuchen

Für 4–6 Personen

1 Mehl, Zucker, Milch, Öl, Salz, Ei und das Backpulver in einer großen Schüssel zu einer geschmeidigen Masse glatt rühren.

2 Die frischen Pflaumen halbieren und daruntermengen. Alles in eine ausgebutterte Springform füllen und im vorgeheizten Backrohr bei 180 Grad Ober- und Unterhitze ca. 20 Minuten backen.

3 Für die Creme die Butter langsam schmelzen, mit dem Zucker und dem Ei verrühren und über den noch warmen Kuchen gießen. Bei 180 Grad ca. 30 Minuten fertig backen. Mit den Mandeln dekorieren.

ZUTATEN KUCHEN
5 gehäufte EL Weizenmehl
3 EL Kristallzucker
3 EL Milch, 1 Ei
2 EL Pflanzenöl
eine Prise Salz, ½ Pkg. Backpulver
½ kg frische Pflaumen

ZUTATEN CREME
60 g Butter
3 EL Kristallzucker
1 Ei
eine Handvoll gehackter Mandeln

TIPP
Um den Mandeln einen noch intensiveren Geschmack zu verleihen, kurz im Backrohr bei Oberhitze bräunen.

20 Years Old Tawny Portwein, Niepoort – Portugal

Szybkie ciasto ze śliwkami

Ciasto:
5 łyżek mąki
3 łyżki cukru
3 łyżki mleka
2 łyżki oliwy
1 jajko
szczypta soli
1/2 torebki proszku do pieczenia
1/2 kg. śliwek

Krem:
6 dkg. masła
3 łyżki cukru
1 jajko
garść migdałów

Ciasto: Wymieszać w misce wszystkie składniki ciasta. Dodać przepołowione śliwki. Wylać do tortownicy posmarowanej masłem. Podpiec 20 minut, w temperaturze 180°C.

Na podpieczone ciasto wylać roztopione masło, wymieszane z pozostałymi składnikami kremu. Posypać migdałami i piec przez 30 minut. Serwować ciepłe z lodami waniliowymi.

Życzę Państwu Smacznego!

Aleksandra Kurzak

Wien – Streng hält sich Aleksandra Kurzak an Rezeptanleitungen, denn, wie bei der Partitur, ist einzig und allein die Interpretation das Maß der Dinge.

Adrianne Pieczonka

Sopran, Kanada

Zwar besitzt die kanadische Sopranistin eine Menge Kochbücher, „aber wenn mich das Kochvirus packt", sagt die Sängerin, „werfe ich keinen Blick mehr in die Rezeptanleitungen, sondern öffne meinen Kühlschrank, schaue was es gibt, und kreiere selbst ein fantasievolles Menü".

Adrianne Pieczonka kocht täglich. Bleibt sie für ein Engagement länger in einer Stadt, legt sie sich in ihrem Appartement stets eine Küchengrundausstattung zu: Salz, Pfeffer, Olivenöl und Teigwaren geben ihr das Gefühl, fast zuhause zu sein, egal wo auf der Welt sie sich gerade befindet. Hin und wieder entdeckt sie auch neue Zutaten, die sie in ihr Kochrepertoire aufnimmt. „In Florenz waren das etwa die Trüffeln am Markt. Sie haben mich zu neuen Kompositionen inspiriert", erzählt die experimentierfreudige Künstlerin.

Was ich auf keinen Fall esse:
Aal und Oktopus brauche ich nicht auf meinem Teller.
Heißhunger:
Da hilft ein Brezel oder eine Rosinenschnecke. Nach der Vorstellung gönne ich mir hie und da einen Hamburger.
Das findet man immer in meinem Kühlschrank:
Entrahmte Milch, Eier, probiotisches Joghurt, Emmentaler, Parmesan, Äpfel, Bananen, Rucola, Mehrkornbrot, Kaffee, Bier, Weißwein, Whisky, englische Orangenmarmelade.
Wen ich gern zum Essen lade:
Julie Andrews, ich bin ein ganz großer Fan!
Mein Motto:
All is well and all will be well and all manner of things will be well – alles ist gut und alles sonst und alle Dinge werden gut sein.

Kanadische Pfannkuchen mit Heidelbeeren

Für 4 Personen

1 Mehl, Backpulver, Salz, Zucker und Haferflocken gut vermischen. Butter, ein geschlagenes Ei und Milch zufügen sowie die zerdrückte Banane und den geriebenen Apfel untermischen.

2 1 EL Butter in einer Crêpe-Pfanne erhitzen und kleine Teigkleckse eingießen, mit Heidelbeeren belegen und beidseitig zu kleinen Pfannkuchen backen.

3 4 bis 5 Pfannkuchen übereinander stapeln und mit Ahornsirup übergießen.

ZUTATEN
250 ml Mehl
10 g Backpulver
1 g Salz
30 g Kristallzucker
125 g Haferflocken
1 Ei, 250 ml Milch
1 zerdrückte Banane, ½ geriebener Apfel
1 Tasse Heidelbeeren (frisch oder gefroren)
Ahornsirup zum Garnieren
1 EL geschmolzene Butter für den Teig
1 EL Butter zum Herausbacken

TIPP
Sehr gut schmecken die Pfannkuchen auch mit Walderdbeeren, Himbeeren oder Ribiseln.

Zelenac Kutjevo Izborna Berba 2007, Krauthaker – Kroatien

Canadian Pancakes

for 4 persons

- 1 cup all purpose flour
- 2 tsp baking powder
- 1/8 tsp table salt
- 1/2 cup rolled oats
- 2 tblsp granulated sugar
- 1 egg
- 1 cup milk
- 2 tblsp melted butter
- 1 ripe banana, mashed
- 1/2 apple, peeled and grated
- 1 cup blueberries fresh or frozen
- maple syrup as garnish

Mix dry ingredients together.
Add egg, milk, melted butter and grated apple. & banana

Heat griddle and melt a bit of butter in it. Pour batter into the griddle and immediately add the blueberries on top. When the pancakes begin to bubble, you can flip them. Make sure you cook them long enough so that the batter is cooked through.

Pour maple over the pancakes and enjoy!

Adrienne Pieczonka

München – Bei Adrienne Pieczonka bleibt der Herd nie kalt. Gekocht wird täglich und auch Experimenten gegenüber ist sie stets offen.

Nina Stemme

Sopran, Schweden

Kochen", sagt Nina Stemme, „ist für mich eine wunderbare Entspannung – vor allem auf Tournee." Zumeist sind es einfache Gerichte, wie scharfe Spaghetti all'arrabiata, Nudeln mit Pesto oder Hühnerfilets.

Die Sopranistin liebt es in der Küche seit jeher praktisch. Zehn Standardgerichte genügten ihr zu Studienzeiten, um daraus zahllose Menüs zu komponieren. Um Zeit zu sparen, kochte sie bereits damals Mahlzeiten vor, die sie portionsweise einfror. Auch heute noch erstellt sie am Wochenanfang einen Speiseplan und erledigt ihre Einkäufe dafür im Internet. „Ich bestelle für eine Woche im Voraus und bekomme alles geliefert. Das ist praktisch, weil wir im vierten Stock ohne Lift wohnen und ich die Einkäufe auf diese Weise nicht selbst schleppen muss. In meinem Kühlschrank mit verschiedenen Klimazonen bleibt der Salat ohnehin mehrere Tage knackig", erzählt die gut organisierte Sopranistin.

Was ich auf keinen Fall esse:
Ich bin neugierig und koste gerne.
Heißhunger:
Orange, Banane, oder ich gönne mir ein Stück dunkle Schokolade.
Das findet man immer in meinem Kühlschrank:
Eier, Bergkäse, Milch, Kaffee, rote Paprika, Zwiebeln, Knoblauch, Prosciutto di San Daniele, auch Bier und Wein habe ich immer im Haus.
Wen ich gern zum Essen lade:
Sobald ich wieder in Stockholm bin, möchte ich unsere Freunde wiedersehen und ein Dinner für sie veranstalten.
Mein Motto:
Es kann nur besser werden.

Kolapaj met röda bär

Ribisel-Torte

Für 6–8 Personen

ZUTATEN TEIG

125 g gesalzene Butter
50 g Haferflocken
180 g Mehl
100 g Staubzucker

ZUTATEN SAUCE UND DEKORATION

200 ml Sahne
100 ml Zuckersirup
1 TL Vanillezucker
80 g Staubzucker
50 g Butter
200 bis 300 g Ribisel

1 In einer großen Schüssel die Haferflocken mit dem Mehl vermischen. Sehr weiche Butter und den Zucker zufügen. Alles zu einem Teig verkneten.

2 Eine flache Kuchenform mit dem Teig auslegen. Im vorgeheizten Backrohr bei 175 Grad ca. 20 Minuten backen.

3 Für die Sauce die Sahne mit Staubzucker, Zuckersirup und der Butter aufkochen lassen. Ca. 10 Minuten leicht köcheln, ständig umrühren, bis eine glatte Konsistenz erreicht ist. Den Vanillezucker unterrühren. Ein wenig auskühlen lassen und über den Teig gießen. Mit den frischen Beeren dekorieren.

TIPP

Kuchen ca. fünf Stunden kalt stellen. Mit Kristallzucker bestreuen und mit einer Lötlampe abflämmen.

Aszú Essencia 2000, Pendits Wille-Baumkauff – Ungarn

München – Einfache Gerichte bereitet sich Nina Stemme auf ihren Tourneen. Zuhause in Stockholm kocht ihr Mann, damit sie mehr Zeit mit den Kindern verbringen kann.

Kolapaj med röda bär

NS

Pajskal: 125 gram smör, 1 dl socker, 1 dl havregryn, 2 dl vetemjöl.

Kolakräm/-sås: 2 dl vispgrädde, 1 dl ljus sirap, 1 dl socker, 1 tsk vaniljsocker, 50 gram smör.

Garnering: 2–3 dl Lingon, röda vinbär, hallon

~ ~ ~

Pajen: Sätt ugnen på 175°C. Smält smöret och rör i ingredienserna. Tryck ut i form (med hjälp av plastfolie). Gärna en form med löstagbar kant. Grädda i max 25 min. Den får inte bli för hård. Svår att skära då.

Kolasås: Blanda grädde, sirap och socker. Koka minst 10 min. Gör vattenprovet: några droppar sås i kallt vatten ska inte flyta ut i vattnet, utan hålla ihop, men vara mjukt. Rör i vaniljsocker o smör. Låt svalna.

Bred ut såsen i det avsvalnade pajskalet.

Strax före servering lägger man på bären.

Servera ev. vispgrädde till!

Smaklig måltid!

Nina Stemme

Anne Sofie von Otter

Mezzosporan, Schweden

Ich komme morgens nur aus dem Bett, weil ich mich auf das Frühstück freue", sagt die gut gelaunte Stockholmerin. Im Hause von Otter bleibt der Herd nie kalt. Gekocht wird täglich, nicht nur weil ihr Männerhaushalt, bestehend aus Ehemann und zwei Söhnen, stets hungrig ist, sondern auch, weil die Schwedin auf gesunde kalorienbewusste Küche Wert legt. Außerdem gibt es keine schönere Gelegenheit, alle Familienmitglieder um den Tisch zu versammeln als eine gemeinsame Mahlzeit.

„Auf Reisen", sagt die Mezzosopranistin, „koche ich nicht so aufwendig und auch nicht annähernd so viel wie zuhause. Da gibt es meist nur einfache Speisen, wie Salate, Pasta, Hühnchen, oder ich gehe mit meinen Kollegen essen."

Was ich auf keinen Fall esse:
Hirn und Kutteln.
Heißhunger:
Alles! Mit Karotten, Sellerie oder einer Banane versuche ich den ersten Hunger zu stillen. Wenn ich aber mit einem Käsebrot beginne, kann ich nicht mehr aufhören!
Das findet man immer in meinem Kühlschrank:
Joghurt, Käse, Saft, Paprika, Oliven, Karotten, Sellerie.
Wen ich gern zum Essen lade:
Gustav Mahler. Mein kontaktfreudiger Mann müsste aber unbedingt dabei sein, sonst würden sich Gustav und ich wohl nur anschweigen.
Mein Motto:
Eigentlich habe ich keines. Ich versuche vorausschauend zu denken.

Magnus läckra chokladmousse

Schokoladenmousse

Für 6–10 Personen

1 Schokolade und Butter im Wasserbad bei ca. 32 Grad schmelzen, beiseitestellen.

2 Eiklar steif schlagen. Eidotter in die Schokoladenmasse rühren. Gut vermischen. Espresso und Whisky dazugeben. Den Eischnee vorsichtig unterheben und vermischen.

3 In kleine Espressotassen füllen und mit der Sahne servieren.

ZUTATEN

250 g dunkle Schokolade (70 Prozent Kakao)
2 EL Butter
4 Eidotter
2 EL Rum oder Whisky
2 Eiklar
1 kleine Tasse Espresso
⅛ l Sahne steif geschlagen

TIPP

Garnieren Sie das Mousse und die Sahne mit einem Löffel frischer Passionsfrucht.

TBA Sämling 2006, Weingut Tschida Angerhof – Österreich

Magnus läckra chokladmousse

Recept för 6-10 personer, beroende på hungern

250g fin mörk choklad, eventuellt några olika sorter så det inte blir för bittert.
2 msk smör
4 äggulor, rumsvarma
2 msk avsvalnat starkt kaffe och/eller cognac/whisky
2-3 äggvitor

Tillredning:

vispa äggvitorna hårt, ställ åt sidan
smält försiktigt den brutna chokladen med smöret, antingen över vattenbad eller i mikron.
Rör om då och då, passa så det ej blir för varmt!
Rör ner äggulorna en i taget. Tillsätt cognac samt/eller kaffe. Massan blir nu lite grynig – ingen fara, det blir slätt och glansigt när man blander ner äggvitorna.
Portionera i småkoppar eller glas. Inte för mycket!
Denna mousse är underbart smakrik – och mäktig!
Servera Iskall vispad grädde till. Och kaffe!

Anne Sofie von Otter

Wien – Einen Schluck Whisky, ein Espresso, vermengt mit dunkler Schokolade, und schon kann sich das köstliche Schokoladenmousse von Anne Sofie von Otter sehen lassen.

Making of

(v.l.n.r.) Matthias Ifkovits, Krassimira Stoyanova und ihr Mann Dimitri; Johannes Ifkovits, Evelyn Rillé und Haubenkoch Heinz Hanner in Mayerling; Anna Netrebko mit Evelyn in Wien.

(v.l.n.r.) Neil Shicoff mit Assistent Kenny in Wien; Deborah Voigt und Evelyn Rillé in Barcelona; Matthias Rexroth und Johannes Ifkovits in Wien; (u.) Ingrid Haimböck mit ihrem Mann Bo Skovhus und Evelyn in Wien.

(v.l.n.r. oben) Evelyn mit Roberto Alagna in New York, und mit Michael Schade in Wien.
(v.l.n.r. unten) Evelyn mit Ekatarina Bakanova in Wien; Daniel Boulud mit Renée Fleming und Johannes Ifkovits im Restaurant „Daniel" New York.

(v.l.n.r. oben)
Adriana Kučerová, Nabiel Elsissi, Markus Werba und Evelyn; Evelyn mit Joseph Calleja, und mit Diana Damrau in Wien; Andrea Herberstein und Thomas Hampson in London.

(v.l.n.r. oben) Johannes und Evelyn mit Natalie Dessay in Wien; Matthias Ifkovits, Sabine Gutenbrunner, Kurt Rydl und Evelyn; Wilma und Marcello Giordani in New York; Johannes, Barbara Bonney mit Evelyn und Bryn Terfel mit Evelyn in Salzburg.

Angela Gheorghiu mit Eugen Kohn, Jack Mastroianni und Freunden in New Jersey; Evelyn und Neil Shicoff in Wien; Juha Uusitalo und Evelyn in Wien; Salvatore Licitra und Evelyn in Modena; Ferruccio Furlanetto und seine Frau Adriana in Wien.

(v.l.n.r. oben) Evelyn mit Tamar Iveri in Wien, mit René Pape und Amal in Dresden, mit Akiko Nakajima in Wien; Simon Keenlyside mit Evelyn in München; (v.l.n.r. unten) Jonas Kaufmann in München und Anna Netrebko mit Evelyn in Wien; Angelika Kirchschlager mit Evelyn in Wien; Evelyn mit Piotr Beczala und Johannes in Polen; Vesselina Kasarova und Evelyn in Wien.

Die Künstler

In alphabetischer Reihenfolge

Die Winzer

Nach Regionen

AMERIKA

John Kongsgaard
4735 Atlas Peak Road
USA – Napa, CA 94558
Tel: +1 707 226 2190
Fax: +1 707 226 2936
info@kongsgaardwine.com
www.kongsgaard.com
Weinempfehlung:
The Judge 2007 –
Bryn Terfel, Seite 86

AUSTRALIEN

Foster's Europe, Middle East & Africa
Regal House, 70 London Road
Twickenham, Middlesex
TW1 3QS, U. K.
Tel: +44 208 843 8400
Fax: +44 208 843 8401
www.penfolds.com
Weinempfehlung: Koonunga Hill 2008 – Barbara Frittoli, Seite 146

CHILE

Montes Wines
Av. Del Condor Sur N 590, Of.202
Ciudad Empresarial
CHILE – Huechuraba – Santiago
Tel: +56 2 248 4805
Fax: +56 2 248 4790
montes@monteswines.com
www.monteswines.com
Weinempfehlung: Purple Angel 2007 – Juha Uusitalo, Seite 178

DEUTSCHLAND

Schlossgut Diel
D-55452 Burg Layen
Tel: +49 6721 9695 0
Fax: +49 6721 4504 7
info@schlossgut-diel.com
www.schlossgut-diel.com
Weinempfehlung:
2003 Dorsheim Goldloch Riesling Auslese Goldkapsel –
Natalie Dessay, Seite 234

Weingut Heymann-Löwenstein
Bahnhofstraße 10
D-56333 Winningen
Tel: +49 2606 1919
Fax: +49 2606 1909
weingut@heymann-loewenstein.com
www.heymann-loewenstein.com
Weinempfehlung: Riesling Winnigen Uhlen L 2007 –
Thomas Hampson, Seite 38

Weingut Josef Leitz
Theodor-Heuss-Straße 5
D-65385 Rüdesheim am Rhein
Tel: +49 6722 48711
Fax: +49 6722 47658
johannes.leitz@leitz-wein.de
www.leitz-wein.de
Weinempfehlung: 2009 Berg Roseneck Riesling Spätlese – José Carreras, Seite 226

Weingut Dr. Loosen
D-54470 St. Johanneshof
Tel: +49 6531 3426
Fax: +49 6531 4248
info@drloosen.de
www.drloosen.de
Weinempfehlung: Wehlener Sonnenuhr Riesling Auslese 1988 – Bo Skovhus, Seite 50

Weingut Horst Sauer
Bocksbeutelstraße 14
D-97332 Escherndorf
Tel: +49 9381 4364
Fax: +49 9381 6843
mail@weingut-horst-sauer.de
www.weingut-horst-sauer.de
Weinempfehlung: 2008 Escherndorfer Lump Silvaner TBA – Anja Harteros, Seite 246

Die Winzer (Fortsetzung)

FRANKREICH:

Château Angélus
F-33330 Saint-Emilion
Tel: +33 557 247139
Fax: +33 557 246856
chateau-angelus@chateau-angelus.com
www.angelus.com
Weinempfehlung: Château Angélus 2003 – Angela Gheorghiu, Seite 34

Château Cos d'Estournel
F-33180 Saint-Estèphe
Tel: +33 556 731 550
Fax: +33 556 597 259
estournel@estournel.com
www.estournel.com
Weinempfehlung: Cos d'Estournel 2007 – René Pape, Seite 166

Château Palmer
F-33460 Margaux
Tel: +33 557 88 72 72
Fax: +33 557 88 37 16
chateau-palmer@chateau-palmer.com
www.chateau-palmer.com
Weinempfehlung: Château Palmer 1999 – Adrian Eröd, Seite 142

Château d'Yquem
F-33210 Sauternes
Tel: +33 557 980 707
Fax: +33 557 980 708
info@yquem.fr
www.yquem.fr
Weinempfehlung: Château d'Yquem 2001 – Ramón Vargas, Seite 106

Domaine Bonneau du Martray
2 rue de Frétille
F-21420 Pernand-Vergelesses
Tel: +33 380 21 50 64
Fax: +33 380 21 57 19
contact@bonneaudumartray.com
www.bonneaudumartray.com
Weinempfehlung:
Corton-Charlemagne Grand Cru 2006 – Neil Shicoff, Seite 198

Domaine Leflaive
Place des marronniers
F-21190 Puligny-Montrachet
Tel: +33 380 213 013
Fax: +33 380 213 957
contact@leflaive.fr
www.leflaive.fr
Weinempfehlung: Puligny-Montrachet Clavoillon 2005 – Deborah Voigt, Seite 62

Champagne Gosset
69, rue Jules Blondeau
F-51160 AY
Tel: +33 326 569 956
Fax: +33 326 515 588
info@champagne-gosset.com
www.champagne-gosset.com
Weinempfehlung: Grande Réserve brut – Roberto Alagna, Seite 10

GEORGIEN

Teliani Valley
2 Marshal Gelovani Ave.
GE – 0159 Tbilisi
Tel: +995 32 313 245/46/47/48
Fax: +995 32 313 249
info@telianivalley.com
www.telianivalley.com
Weinempfehlung: Mukuzani 2006 – George Gagnidze, Seite 26

ITALIEN

Braida di Bologna Giacomo
Via Roma 94
I-14030 Rocchetta Tanaro (Asti)
Tel: +39 0141 644113
Fax: +39 0141 644584
info@braida.it
www.braida.it
Weinempfehlung: Barbera d'Asti „Ai Suma" 2007 – Anna Netrebko, Seite 70

Brancaia
I-53017 Radda in Chianti (SI)
Tel: +39 0577 742 007
Fax: +39 0577 742 010
brancaia@brancaia.it
www.brancaia.com
Weinempfehlung: IL BLU 2001 – Fabio Armiliato, Seite 90

Fattoria Fèlsina
Via del Chianti 10
I-53019 Castelnuovo Berardenga, Siena
Tel: +39 0577 355 117
Fax: +39 0577 355 651
info@felsina.it
www.felsina.it
Weinempfehlung: Fontalloro 2006 – Marcello Giordani, Seite 94

Sassicaia
Località Capanne n. 27
I-57022 Bolgheri (Livorno)
Tel: +39 0565 762003
Fax: +39 0565 762017
info@sassicaia.com
www.sassicaia.com
Weinempfehlung: Sassicaia 2006 – Angela Denoke, Seite 138

KROATIEN

Krauthaker
Ivana Jambrovića 6
HR-34340 Kutjevo
Tel: +385 34 31 50 00
Fax: +385 34 31 50 01
vlado@krauthaker.hr
www.krauthaker.hr
Weinempfehlung: Zelenac Kutjevo Izborna Berba 2007 – Adrianne Pieczonka, Seite 254

Roxanich d.o.o.
Fine Wine – Fina Vina
Kosinozići 26
HR-52446 Nova Vas
Tel: +385 98 328 501
mrozanic@roxanich.hr
www.roxanich.hr
Weinempfehlung: Teran Re 2006 – Salvatore Licitra, Seite 102

LIBANON

Château Musar
Baroudy str., Sopenco bldg.
RL – B.P.: 281 Ashrafieh, Beirut
Tel: +961 1 201828, 328111, 328211
Fax: +961 1 201827
info@chateaumusar.com.lb
info@chateaumusar.co.uk
www.chateaumusar.com
Weinempfehlung: Château Musar 2001 – Barbara Bonney, Seite 130

ÖSTERREICH

Weingut Feiler-Artinger
Hauptstraße 3
A-7071 Rust
Tel: +43 2685 237
Fax: +43 2685 237 22
office@feiler-artinger.at
www.feiler-artinger.at
Weinempfehlung: Ruster Ausbruch 2007 – Johan Botha, Seite 222

Weingut Gesellmann
Langegasse 65
A-7301 Deutschkreutz
Tel: +43 2613 803 60 0
Fax: +43 2613 803 60 15
weingut@gesellmann.at
www.gesellmann.at
Weinempfehlung: Bela Rex 2007 – Natalia Ushakova, Seite 126

Weingut Iby
Kirchengasse
A-7312 Horitschon
Tel: +43 2610 422 92
Fax: +43 2610 422 92 90
weingut@iby.at
www. iby.at
Weinempfehlung: Chevalier DAC Reserve 2008 – Kurt Streit, Seite 174

Weingut Kollwentz – Römerhof
Gartengasse 4b
A-7051 Großhöflein
Tel: +43 2682 65 15 80
Fax: +43 2682 65 15 813
kollwentz@kollwentz.at
www.kollwentz.at
Weinempfehlung: Gloria 2007 – Simon Keenlyside, Seite 190

Weingut Kracher
Apetloner Straße 37
A-7142 Illmitz
Tel: +43 2175 33 77
Fax: +43 2175 33 77 4
office@kracher.at
www.kracher.at
Weinempfehlung: TBA No. 6 Grande Cuvée 2007 – Piotr Beczala, Seite 218

Weingut Krutzler
A-7474 Deutsch-Schützen 84
Tel: +43 3365 2242
Fax: +43 3365 20013
weingut@krutzler.at
www.krutzler.at
Weinempfehlung: Perwolff 2008 – Tamar Iveri, Seite 150

Anita Nittnaus Hans
Untere Hauptstraße 49
A-7122 Gols
Tel: +43 2173 22 48
Fax: +43 2173 22 48 20
office@nittnaus.at
www.nittnaus.at
Weinempfehlung: Comondor 2006 – Krassimira Stoyanova, Seite 210

Weinbau Schiefer Uwe
A-7503 Welgersdorf 3
Tel/Fax: +43 3362 24 62
weinbau-schiefer@aon.at
www.weinbau-schiefer.at
Weinempfehlung: Reihburg 2007 – Peter Mattei, Seite 162

Schwarz Wein
Hauptgasse 21
A-7163 Andau
Tel/Fax: +43 2176 32 31
schwarz.johann@speed.at
www.thebutcher.at
Weinempfehlung: Zweigelt 2007 – Heidi Brunner, Seite 206

Die Winzer (Fortsetzung)

Thomas Schwarz – Weingut Kloster am Spitz
Waldsiedlung 2
A-7083 Purbach
Tel: +43 676 960 88 75
Fax: +43 2683 5519 23
weingut@klosteramspitz.at
www.weingut.klosteramspitz.at
Weinempfehlung: Vintage No. 5 – Renée Fleming, Seite 242

Weingut Hans Tschida
Angergasse 5
A-7142 Illmitz
Tel: +43 2175 31 50
Fax: +43 2175 31 50 4
weingut@angerhof-tschida.at
www.angerhof-tschida.at
Weinempfehlung: Sämling TBA 2006 – Anne Sofie von Otter, Seite 262

Weingut Umathum
St. Andräer Straße 7
A-7132 Frauenkirchen
Tel: +43 2172 24 400
Fax: +43 2172 21 734
office@umathum.at
www.umathum.at
Weinempfehlung: St. Laurent vom Stein 2007 – Elina Garanča, Seite 30

Weingut Erich und Walter Polz
Grassnitzberg 54a
A-8471 Spielfeld
Tel: +43 3453 23 01 0
Fax: +43 3453 23 01 3
weingut@polz.co.at
www.polz.co.at
Weinempfehlung: Hochgrassnitzberg Sauvignon Blanc 2008 „Grosse STK Lage" – Ekatarina Bakanova, Seite 182

Weingut Erwin Sabathi
Pössnitz 48
A-8463 Leutschach
Tel: +43 3454 265
Fax: +43 3454 265 6
weingut@sabathi.com
www.sabathi.com
Weinempfehlung: Sauvignon Blanc Merveilleux 2008 – Michael Schade, Seite 194

Weingut Sattlerhof
Sernau 2
A-8462 Gamlitz
Tel: +43 3453 25 56
Fax: +43 3453 57 32
weingut@sattlerhof.at
www.sattlerhof.at
Weinempfehlung: Kranachberg 2008 Sauvignon Blanc „Grosse STK Lage" – Akiko Nakajima, Seite 46

Weingut Tement
Zieregg 13
A-8461 Berghausen
Tel: +43 3453 41 01 0
Fax: +43 3453 41 01 30
weingut@tement.at
www.tement.at
Weinempfehlung: Zieregg Sauvignon Blanc „Grosse STK Lage" 2008 – Jonas Kaufmann, Seite 98

Weingut Wohlmuth
A-8441 Freising 24
Tel: +43 3456 23 03
Fax: +43 3456 21 21
wein@wohlmuth.at
www.wohlmuth.at
Weinempfehlung: Sauvignon Blanc Steinriegel 2009 – Matthias Rexroth, Seite 78

Weingut Bründlmayer
Zwettler Straße 23
A-3550 Langenlois
Tel: +43 2734 21 72 0
Fax: +43 2734 37 48
weingut@bruendlmayer.at
www.bruendlmayer.at
Weinempfehlung: Brut Rosé – Juan Diego Flórez, Seite 22

Weingut Johann Donabaum
Laaben 15
A-3620 Spitz a. d. Donau
Tel/Fax: +43 2713 24 88
info@weingut-donabaum.at
www.donabaum.at
Weinempfehlung: Grüner Veltliner Smaragd Spitzer Point 2009 – Shenyang, Seite 170

Schloss Gobelsburg
Schlossstraße 16
A-3550 Gobelsburg
Tel: +43 2734 24 22
Fax: +43 2734 24 22 20
schloss@gobelsburg.at
www.gobelsburg.at
Weinempfehlung: Grüner Veltliner Steinsetz 2009 – Angelika Kirchschlager, Seite 158

Weingut Stift Göttweig
Göttweig 1
A-3511 Furth
Tel: +43 2732 8014 40
Fax: +43 2732 8014 42
office@weingutstiftgoettweig.at
www.weingutstiftgoettweig.at
Weinempfehlung: Grüner Veltliner Gottschelle Reserve 2009 – Diana Damrau, Seite 134

Weingut Jurtschitsch
Rudolfstraße 39
A-3550 Langenlois
Tel: +43 2734 21 16
Fax: +43 2734 21 16 11
office@jurtschitsch.com
www.jurtschitsch.com
Weinempfehlung: Grüner Veltliner Loiserberg 2009 – Rainer Trost, Seite 202

Weingut Emmerich Knoll
Unterloiben 10
A-3601 Dürnstein
Tel: +43 2732 793 55
Fax: +43 2732 793 55 5
weingut@knoll.at
Weinempfehlung: Riesling Auslese 2005 – Annette Dasch, Seite 230

Laurenz V.
Mariahilfer Straße 32
A-1070 Wien
Tel: +43 1 522 47 91 77
Fax: +43 1 522 47 91 55
info@laurenzfive.com
www.laurenzfive.com
Weinempfehlung: Charming Grüner Veltliner 2008 – Lawrence Brownlee, Seite 54

Weingut Fred Loimer
Haindorfer Vögerlweg 23
A-3550 Langenlois
Tel: +43 2734 22 39
Fax: +43 2734 22 39 4
weingut@loimer.at
www.loimer.at
Weinempfehlung: Grüner Veltliner Käferberg 2006 – Danielle DeNiese, Seite 14

Weingut Bernhard Ott
Neufang 36
A-3483 Feuersbrunn/Wagram
Tel: +43 2738 22 57
Fax: +43 2738 22 57 22
bernhard@ott.at
www.ott.at
Weinempfehlung: Grüner Veltliner Fass 4 2009 – Janina Baechle, Seite 110

Weingut Pichler-Krutzler
Oberloiben 1
A-3601 Dürnstein
Tel: +43 2732 718 06
Fax: +43 2732 718 06 11
office@pichler-krutzler.at
www.pichler-krutzler.at
Weinempfehlung: Riesling Wunderburg 2008 – Joseph Calleja, Seite 186

Weingut Rudi Pichler
Marienfeldweg 122
A-3610 Wösendorf/Wachau
Tel: +43 2715 22 67
Fax: +43 2715 22 67 40
weingut@rudipichler.at
www.rudipichler.at
Weinempfehlung: Grüner Veltliner Smaragd Kollmütz 2009 – Markus Werba, Seite 214

Weingut Prager
A-3610 Weißenkirchen 48
Tel: +43 2715 22 48
Fax: +43 2715 25 32
prager@weissenkirchen.at
www.weingutprager.at
Weinempfehlung: Grüner Veltliner Stockkultur Achleiten Smaragd 2009 – Lado Ataneli, Seite 122

Weingut Markowitsch
Pfarrgasse 6
A-2464 Göttlesbrunn
Tel: +43 2162 82 22
Fax: +43 2162 82 22 11
weingut@markowitsch.at
www.markowitsch.at
Weinempfehlung: Rosenberg 2007 – Ambrogio Maestri, Seite 118

Weingut Stadlmann
Wiener Straße 41
A-2514 Traiskirchen
Tel: +43 2252 523 43
Fax: +43 2252 563 32
kontakt@stadlmann-wein.at
www.stadlmann-wein.at
Weinempfehlung: Mandel-Höh Zierfandler 2008 – Adriana Kučerová, Seite 66

Weingut Rotes Haus
Pfarrplatz 2
A-1190 Wien
Tel: +43 1 370 33 61
Fax: +43 1 370 47 14
office@pfarrplatz.at
www.weingut.rotes-haus.at
Weinempfehlung: Wiener Gemischter Satz Reserve Ried Obere Schos 2008 – Luca Pisaroni, Seite 74

Weingut Wieninger
Stammersdorfer Straße 80
A-1210 Wien
Tel: +42 1 290 10 12
Fax: +43 1 290 10 12 3
weingut@wieninger.at
www.wieninger.at
Weinempfehlung: Der Schrammler Grande Reserve 2008 – Ferruccio Furlanetto, Seite 114

Die Winzer (Fortsetzung)

Weingut Zahel
Maurer Hauptplatz 9
A-1230 Wien
Tel: +43 1 889 13 18
Fax: +43 1 889 13 18 10
winery@zahel.at
www.zahel.at
Weinempfehlung: Wiener Gemischter Satz 2009 – Kurt Rydl, Seite 82

PORTUGAL

Niepoort
Rua Cândido dos Reis 670
P-4400-071 Vila Nova de Gaia
Tel: +351 22 200 10 28
Fax: +351 22 332 02 09
info@niepoort-vinhos.com
www.niepoort-vinhos.com
Weinempfehlung: 20 Years Old Tawny Portwein – Aleksandra Kurzak, Seite 250

Quinta Vale D. Maria
Rua de Gondarém, 1427 - 2º Dto
Ala Norte
P-4150-380 Porto
Tel: +351 22 374 43 20
Fax: +351 22 374 43 22
cvanzeller@mail.telepac.pt
www.valedonamaria.com
Weinempfehlung: Douro 2007 – Giuseppe Filianoti, Seite 18

SLOWENIEN

Batič
Šempas 130
SLO-5261 Šempas
Tel: +386 530 88676
Fax: +386 530 78529
office@batic.si
www.batic.si
Weinempfehlung: Bonisimus 2007 – Daniela Dessi, Seite 58

SÜDAFRIKA

Lammershoek Private Wine Cellar
P. O. Box 597
RSA-7299 Malmesbury
Tel: +27 22 482 2835
Fax: +27 22 487 2702
carla@lammershoek.co.za
www.lammershoek.co.za
Weinempfehlung: Lammershoek Syrah 2007 – Nino Machaidze, Seite 42

La Motte
R45 Main Road
RSA-7690 Franschhoek
Tel: +27 21 876 8000
Fax: +27 21 876 3446
cellar@la-motte.co.za
www.la-motte.com
Weinempfehlung: Chardonnay 2008 – Vesselina Kasarova, Seite 154

UNGARN

Pendits Kft
Béke út 111
H-3881 Abaújszántó
Tel/Fax: +36 47 330 567
pendits@t-online.hu
www.pendits.com
Weinempfehlung: Aszú Essencia 2000 – Nina Stemme, Seite 258

István Szepsy
59 Batthyány út Mád
H-3909 Mád
Tel: +36 47 348 349
Fax: +36 47 348 724
info@szepsy.hu
www.szepsy.hu
Weinempfehlung: Aszú 2005 – Joyce DiDonato, Seite 238

Danksagung

Ein Buch ist die Summe der Anstrengungen vieler Leute. Manche waren direkt an der Arbeit und Herstellung beteiligt, andere haben durch ihr Wissen, ihre Inspiration und ihren Rat dazu beigetragen. Wir sind allen dankbar, die uns bei der Entstehung dieses Buches geholfen haben:

Aki Nuredini, Restaurant „Il Sole" in Wien: In deinem Wohnzimmer haben nicht nur Opernstars, sondern auch wir immer ein Heimspiel, danke für deine Mithilfe. **Adi Schmid,** dem kunstsinnigsten Sommelier Österreichs im Restaurant „Steirereck", ein Dankeschön für die unzähligen Tipps – es wird Zeit, gemeinsam ein Glas auf unsere österreichischen Topwinzer zu heben: Prost! **Darrel Joseph,** danke für deine Empfehlungen und spontane Unterstützung. Liebe **Ingrid Roosen-Trinks** (Montblanc), danke für deine Anregungen und Ideen. Direktor **Reiner Heilmann** im Hotel Sacher Wien, danke für Ihre Flexibilität. Seitdem wir Sie kennen, haben wir noch nie ein „nie" gehört. Dafür herzlichen Dank. Lieber **Peter Kupfer,** danke für deine freundschaftlichen Ratschläge. Unseren geschätzten Freunden **Liane Seitz** und **Franz Prenner,** danke für eure Anregungen. **Elisabeth** und **Alexander Hirnigel,** auf euch ist immer Verlass, vielen Dank. **Andreas Wollinger,** danke, dass du immer ein offenes Ohr hast. **Toshigo Hayashaibara** vom Restaurant „Senkoma" Wien, danke für deine herzliche Gastfreundschaft und Unterstützung. Dank an das Restaurant „Tiflis/MaCrêperie" in Wien, **Marianne Dorfer** und **Christopher Unterkofler** aus der Villa Trapp in Salzburg, Familie **Bauer** im Seehotel Winkler am Wallersee, in eurer Küche macht Kochen immer Spaß. Lieber **Heinz Hanner,** danke für deine Unterstützung und kompetente fachliche Beratung. **Wolfgang Werner,** danke für deine Empfehlungen. Ein herzliches Dankeschön an die Firma **Bulthaup** für die Kochsessions in München, London, Barcelona, New York, an **Eugen Kohn,** der uns seine Küche in New Jersey zur Verfügung stellte. **F. Paul Driscoll, Mary Lou Falcone** und **Alexandra Day,** wir danken für eure Hilfe in New York. Unseren langjährigen Freunden: **Gregory Downer,** danke für deinen Einsatz und die Kontakte, die du uns vermittelt hast. Danke **Jack Mastroianni,** du kennst sie alle und bist immer für uns da, selbst wenn es fünf vor zwölf ist. Dir, lieber **Daniel Boulud,** möchten wir für deine Kochsession in deinem Gourmettempel „Daniel" in New York danken, es war ein Vergnügen. Besonderen Dank an unseren Sohn **Matthias** für seine Einsätze. Wann immer wir Hilfe benötigten, stand er schon bereit – ein dickes Küsschen. Der Künstleragentur **Opera4u** in Wien ein herzliches Dankeschön für die professionelle Unterstützung.

Impressum

Alle Texte: Evelyn Rillé und Johannes Ifkovits
Alle Fotos: Johannes Ifkovits
Grafische Konzeption: Catherine Pisaroni, Alexander Ströck
Layout: Alexander Ströck
Bildbearbeitung: Florian Soos, Cyberlab Wien
Korrektur: Dr. Ulrike Moser-Wegscheider
Lektorat: Mag. Andrea Riedel
Rezepttipps: Heinz Hanner

Druck und Bindung: Druckerei Theiss GmbH, 9431 St. Stefan, www.theiss.at

2. Auflage 2010
ISBN 978-3-9502956-0-3

Opera Rifko Verlag
Engelbert-Bär-Straße 6
A-2380 Perchtoldsdorf
E-Mail: evelyn.rille@aon.at, johannes.ifkovits@aon.at
www.dieoperkocht.com